HANSER
BERLIN
LEBEN

Emilia Roig

LIEBEN

Hanser Berlin

Triggerwarnung:
In diesem Buch kommen Beschreibungen
von sexueller Gewalt vor.

Das Motto auf S. 13 wird zitiert aus: Alain de Botton,
Versuch über die Liebe. In der Übersetzung von Helmut Freilinghaus

Das Motto auf S. 41 wird zitiert aus: James Baldwin,
Nach der Flut das Feuer. In der Übersetzung von Miriam Mandelkow

5. Auflage 2025

ISBN 978-3-446-27983-4

Vilshofener Straße 10 | 81679 München | info@hanser.de

Umschlag: Anzinger & Rasp, München
Motiv: »Nous« © Sophia Novosel
Satz: Satz für Satz, Wangen im Allgäu
Druck und Bindung: Friedrich Pustet, Regensburg
Printed in Germany

FSC
www.fsc.org
MIX
Papier | Fördert
gute Waldnutzung
FSC® C014889

Für Manman-Marraine

INHALT

ÜBER DAS LIEBEN

> Bestimmt kann die Welt gerettet werden von all den Menschen, die auf Liebe bestehen.
>
> *Alice Walker*

Eine Freundin meinte einmal zu mir: »Du bist in die Liebe verliebt.« Und das stimmt, ich liebe die Liebe so sehr, dass mein ganzes Leben auf sie ausgerichtet ist. Ich denke ununterbrochen über sie nach und sehne mich jede Sekunde nach ihr. Nicht nur bei mir selbst, auch bei anderen lauere ich auf Anzeichen der Liebe, suche nach ihren Spuren und frage mich, ob mein Gegenüber wohl gerade an der Liebe leidet oder ihretwegen aufgeregt und glücklich ist. Alles in der Welt dreht sich um Liebe, und wenn es nicht um Liebe geht, dann geht es um ihre Abwesenheit.

Vielleicht muss ich gleich an dieser Stelle vorwegnehmen, dass ich, wenn ich von der Liebe spreche, bei weitem nicht nur an Liebhaber*innen, Herzklopfen, rote Rosen und Anträge, kurz an die körperliche, seelische und geistige Anziehungskraft zwischen zwei Menschen denke. Liebe ist keine Zustandsbeschreibung, sondern eine Praxis. Der bewusste, absichtsvolle Akt des Liebens besteht für mich in der Frage, was unsere individuelle Verantwortung unseren Mitmenschen, unserer Umwelt und uns selbst gegenüber ist – und wie wir dieser gerecht werden können. Ich verstehe die Liebe als eine Art DNA allen, auch speziesübergreifenden sozialen Miteinanders. Doch es gibt einige Systeme, die dieser Praxis entgegenwirken, die das rücksichtsvolle und empathische Miteinander sprengen, indem sie Hierarchien einziehen und Verantwortungen missachten. Solche Systeme sind der Kolonialismus, das Patriarchat, der Kapitalismus und ihre Beiprodukte: Rassismus, Sexismus, Ableismus, Klassismus, Misogynie, Trans- und Queerdiskriminierung. Jede Person, die diese Systeme aktiv bekämpft, übt sich in der Liebe. Aktivismus ist Liebe oder umgekehrt, in bell hooks' oft zitierten Worten aus *Alles über Liebe*: »Alle bedeutenden Bewegungen für soziale Gerechtigkeit in unserer Gesellschaft [haben] stets den Wert der Liebesethik betont.« So gesehen ergibt mein eingangs beschriebener außergewöhnlicher Fokus auf die Liebe womöglich mehr Sinn.

Es geht den meisten von uns schon seit einer Weile nicht wirklich gut, weder als Gesellschaft noch im Einzelnen. Kriege, Inflation, Faschismus, Klimakrise und Armut sind sowohl Ursachen als auch Folgen der mangelnden Liebe auf unserem Planeten. Ich bin überzeugt, dass viele der Probleme unserer Zeit Symptom eines beschränkten, verarmten Verständnisses von Liebe sind, als ein privates Projekt, an dem jede Person, die nicht geborgen in einer Beziehung lebt, notwendigerweise gescheitert ist. Doch in den meisten Fällen liegt die große, erfüllende und berauschende Liebe ganz nah – in uns selbst, in unserer Community, in der Natur – und wartet nur darauf, gesehen und genährt zu werden. Über diese große, weitläufige Form der Liebe wird bislang viel zu selten gesprochen, sie heißt nicht mal Liebe, sondern Freundschaft, Solidarität, Empathie oder eben Aktivismus und wird unter diesen Begriffen schnell als zweitrangig an den Rand geschoben.

Dem will dieser kleine Essayband begegnen und den Begriff der Liebe ausdehnen über all unsere Vorurteile, Missverständnisse und Versäumnisse hinaus, bis er groß genug ist für das Lieben nicht nur in Beziehungen, sondern auch in der Familie, in Freundschaften, in der Natur und dem Kosmos.

Im 16. Jahrhundert reflektierte Michel de Montaigne in dem Essay *Die Übung* über ebendiese Gattung, den Essay. Zur großen Erleichterung aller ihm Folgender befreit er das Genre von dem Anspruch der Allgemeingültigkeit und erlaubt sich und anderen, eigene Erfahrungen trotz ihres hohen Grades an Individualität und Subjektivität niederzuschreiben: »Dies ist nicht meine Theorie, sondern meine Erfahrung; dies ist nicht eine Erkenntnis, die ich von anderen, sondern die ich von mir selbst gelernt habe. Trotzdem darf man es mir nicht übelnehmen, wenn ich sie weitergebe; vielleicht kann, was mir hilft, auch anderen helfen.« Dieses Buch ist eine Einladung, gemeinsam mit mir durch meine subjektiven Erfahrungen mit der Liebe, dem Schmerz, der Trauer und Freude zu wandern, sodass nichts davon mehr mir allein gehören möge, sondern Teil eines größeren Ganzen werde. Ich stelle mir vor, wie im Prozess des Schreibens und Lesens meine Gedanken und Gefühle immer größere Kreise ziehen und dabei allmählich die Grenzen zwischen mir und anderen überwinden. Die Religionswissenschaftlerin Karen Armstrong zeichnet in *Sacred Nature* diese sich ins Unendliche erstreckende Bewegung auf eindrückliche Weise nach: »Das Überschreiten jedes konzentrischen Kreises markiert einen Moment, in dem ein weiteres Hindernis zwischen uns und anderen überwunden wird. Es handelt sich nicht um einen Prozess, der einmal durchgeführt und abgeschlossen wird, sondern um eine kontinuierliche Bewegung, die uns ermutigt, über uns selbst hinauszuwachsen.« Das Bild der konzentrischen Kreise, die einander bedingen, umschließen und auslösen, ist in zweierlei Hinsicht wegweisend für diesen Text über das Lieben: Es gibt zum einen eine Struktur vor, die im Kleinsten, der Familie, beginnt und im Größten, dem Kosmos, endet. Und es hilft mir zum anderen, Lieben als eine nach außen gewandte Bewegung zu verstehen, die das Potenzial hat, mich mit der Welt zu verbinden. Wenn ich könnte, hätte ich das Buch in immer größer werdenden Kreisen geschrieben. Wer weiß, wie weit sie schwingen würden?

FAMILIE LIEBEN

> Vielleicht stimmt es, daß wir nicht wirklich existieren, bis jemand da ist, der uns existieren sieht, und daß wir nicht eigentlich sprechen können, bis jemand da ist, der versteht, was wir sagen; kurz, wir sind nicht ganz lebendig, solange wir nicht geliebt werden.
>
> *Alain de Botton*

Ich bin in einer sechsköpfigen Familie groß geworden und bin heute nur noch mit einem Familienmitglied in regelmäßigem Kontakt. Die Familie, die ich selbst gegründet habe, ist zu einer Zweierkonstellation geschrumpft, obwohl wir einst zu viert waren. Die Familie ist der Ort, an dem ich Liebe erfahren und gelernt habe. Lange Zeit dachte ich, ohne die Liebe meiner Familie nicht überleben zu können, sie war für mich der wichtigste Quell von Sicherheit und Zugehörigkeit. Und doch ist familiäre Liebe für mich heute nicht nur von Geborgenheit und Vertrauen, sondern auch von Trauer, Brüchen und Verlusten geprägt.

Die erste Liebe (oder ihr Fehlen) prägt uns ein Leben lang. Sie hinterlässt überall Spuren, beeinflusst unsere emotionale und soziale Entwicklung. Die Art und Weise, wie wir von unseren Familienmitgliedern behandelt werden und wie wir mit ihnen interagieren, formt unser Selbstbild und den Platz, den wir in der Welt einnehmen. Diese ersten Erfahrungen mit zwischenmenschlicher Liebe werden sich auswirken auf unsere romantischen und freundschaftlichen Beziehungen. Liebeswunden, die Verletzungen oder Traumata, die wir in der frühen Kindheit durch unerfüllte oder gestörte Liebe erleiden, begleiten uns oft bis ins Erwachsenenalter. Einigen hilft die inzwischen bekannte Bindungstheorie dabei, mit diesen Wunden und dem damit einhergehenden Schmerz umzugehen, denn sie können überwunden und verwandelt werden. Doch ihre Überwindung setzt voraus, dass wir uns mit ihnen auseinandersetzen und der Versuchung widerstehen, sie zu verdrängen. bell hooks schreibt in *Alles über Liebe*: »Es ist einfacher, den Schmerz angesichts fehlender Liebe zu äußern, als das Vorhandensein und die Bedeutung der Liebe in unserem Leben zum Ausdruck zu bringen.« Es stimmt, dass wir gerade öffentlich, im Austausch mit anderen, eloquenter und geübter über die schmerzhafte Sehnsucht nach Liebe und dem Geliebt-Werden sprechen können als über ihre positive, erfüllende Erfahrung. Meiner Meinung nach sind Schmerz und Liebe aber zwei Seiten einer Medaille: Über die Abwesenheit von Liebe zu sprechen ist zugleich eine Anerkennung ihrer Wichtigkeit. Kein Licht ohne Schatten, keine Liebe ohne Schmerz, oder, wie es der buddhistische Mönch Thích Nhất Hạnh in seinem Buch *Ohne Schlamm kein Lotus* formuliert: »Die meisten Menschen fürchten sich davor, zu leiden. Doch das Leiden ist eine Art Schlamm, der die Lotusblüte des Glücks zum Erblühen bringt. Es gäbe keine Lotusblüte ohne den Schlamm.« Die längste Zeit stand mir die Angst vor dem Schmerz im Weg und erschwerte mir den Zugang zu einer aufrichtigen, allumfassenden Erfahrung von Liebe. Doch heute glaube ich an die Schatten, an den Schlamm, und so beginne ich diesen Essay mit meinen schmerzhaftesten Erfahrungen, die notwendiger Bestandteil, vielleicht sogar nahrhafter Boden für diese von mir so geliebte, herbeigesehnte, allseits gesuchte Praxis des Liebens sind.

GLÜCKSVERSPRECHEN

Die Kleinfamilie ist kein neutraler oder gar natürlicher Ort, sie ist eine mächtige gesellschaftliche Norm, die kollektiv aufrechterhalten wird, unter anderem durch das Schweigen darüber, was innerhalb von Familien *wirklich* geschieht. Sie ist eine Projektionsfläche für eine Vielzahl menschlicher Bedürfnisse wie Sicherheit, Zugehörigkeit, Freude und Beständigkeit: »Familie ist, wo Leben beginnt und Liebe niemals endet«, »Geschwisterliebe währt ewig«, »Deine Familie ist dein Anker«, »Eltern geben ihren Kindern Flügel und Wurzeln«, »Familie ist das wahre Glück des Lebens« – dies sind nur einige der weitbekannten Glaubenssätze, auf denen die Norm der Kleinfamilie beruht. Doch auf wen treffen diese Versprechen tatsächlich zu? Treten wir alle selbstbewusst mit Anker, Flügeln und Wurzeln ausgestattet in die Welt hinaus? Und was sagt es über unsere Familien aus, wenn dem nicht so ist? Was über uns?

Die Autorin Sara Ahmed erklärt in *The Promise of Happiness*, dass Glück ein Versprechen ist, das uns zu bestimmten Lebensentscheidungen hinführen und von anderen abhalten kann. Glück wird denjenigen prophezeit, die bereit sind, ihr Leben auf die »richtige« Weise zu leben. Glücklich zu sein heißt in diesem Sinne, den eigenen Zustand zu mögen und die Realität so anzunehmen, wie sie ist, ohne Anspruch oder

Drängen auf Veränderung. Schwierige Emotionen, Erfahrungen und Zustände, die innerhalb der so gepriesenen und allseits unterstützten Familienstruktur entstehen, verursachen daher häufig eine kognitive Dissonanz, die durch das kollektive Schweigen noch verschärft wird. Jede Abweichung vom Modell der perfekten Kernfamilie verlangt das bewusste oder unbewusste Trauern um ein Vorbild, das uns ständig als ultimatives Glück verkauft wird.

Ich bin in einer Gesellschaft sozialisiert worden, in der Familie bedeutet: Papa, Mama, Kinder. Doch zu anderen Zeiten und an vielen anderen Orten beschreibt der Begriff eine größere Entität, die mehrere Generationen und Grade der Verwandtschaft beinhalten kann. Das Kernfamilienmodell, wie wir es heute kennen, gilt in der westlichen Welt erst seit der industriellen Revolution als primäre Familienkonstellation. Mit zunehmender Verstädterung und der Stärkung kapitalistischer Arbeitssysteme waren nicht mehr die ländlichen Hofgemeinschaften, bestehend aus Großfamilie, Mägden und Knechten, zuständig für die Gesundheit, Versorgung und Verpflegung der Arbeitskraft, sondern die kleine Einheit der Nuklearfamilie. Die Durchsetzung des Kernfamilienmodells hat westliche Normen und kapitalistische Interessen auf Kosten von Gemeinschaftsstrukturen weltweit gefördert. Doch die Kernfamilie verbirgt viele Nachteile, angefangen bei der Tatsache, dass sie für unser Überleben als Spezies schlecht geeignet ist. Wäre die menschliche Gesellschaft immer in Kernfamilien organisiert gewesen, wären wir längst ausgestorben. Zudem ist die Kernfamilie laut Bundeskriminalamt der primäre Ort, an dem Kinder und Frauen Gewalt erfahren. Häusliche Gewalt, Femizide, Kindesmissbrauch geschehen am häufigsten dort, wo Menschen sich am sichersten fühlen sollten. Nicht alle Kernfamilien sind gewaltvoll, aber im Fall von Gewalt sind sie unglaublich schädlich und isolierend. Mama, Papa und die Kinder sind allein, verschanzt hinter den Vorhängen ihrer Wohnung, den Mauern ihres Reihenhäuschens.

Denke ich an Familie, denke ich an den kleinen Kosmos, in den ich selbst hineingeboren wurde. Ich denke an meine Mutter und meinen Vater, an meine zwei Schwestern und meine Halbschwester. Daran, wie wir an Geburtstagen zusammen um den Esstisch saßen und *Joyeux anniversaire* sangen, wie wir uns zu dritt in die Badewanne quetschten, die Augen fest zugekniffen, und unsere Mutter uns den Schaum aus dem Haar spülte, während unser Vater mit Fotoapparat im Türrahmen stand. Ich sehe uns an den Orten, an denen wir bis zur Trennung meiner Eltern gemeinsam gelebt haben: in einer Erdgeschosswohnung mit Gemeinschaftsgarten, wo wir Kinder stundenlang im Sandkasten spielten, und einige Jahre später, als ich frisch eingeschult war, im »neuen« Haus, ein paar Straßen weiter im selben Pariser Vorort.

Ich hatte eine schöne Kindheit, das sagte ich mir als Heranwachsende und auch als Erwachsene immer wieder. Alle materiellen Bedürfnisse und sonstigen Bedingungen waren erfüllt. Meine Eltern waren zusammen, und ich hatte Geschwister. Damit deckten wir in unserer Gesellschaft bereits zwei der wichtigsten Kriterien für eine glückliche Kindheit. Darüber hinaus lebten wir in einem schönen Haus mit Garten, fuhren regelmäßig im eigenen Auto in den Urlaub und hatten sogar einen Hund. Meine Mutter galt für mich die längste Zeit als perfekt: Sie war aufmerksam, manchmal streng, aber dabei immer liebevoll, gab die besten Küsse der Welt und kochte köstlich. Sie war die Brücke, die uns mit dem Rest unserer großen Familie und der karibischen Kultur verband. Dazu gehörten das Essen, die Musik, die Traditionen und Werte, der Zugriff auf unsere Schwarze Identität und auf eine in Europa fremde Spiritualität. Nur dank ihr überlebte dieses kulturelle Erbe in uns eine weitere Generation, trotz unserer Erziehung fernab der Insel. Wo sie war, da waren Wärme und Zärtlichkeit. Ich wollte ihr so nah wie möglich sein, hielt stets ihre Hand, forderte Hunderte Gutenachtküsse ein und ließ mich nur schwer von ihr trennen. Am liebsten wäre ich mit ihr verschmolzen. In meinen kindlichen Augen war sie die Verkörperung der Liebe, sie hat für uns immer nur ihr Bestes gegeben, und ihr Bestes war alles, was sie war und hatte, denn sie hat sich in der Rolle der aufopfernden Mutter wohlgefühlt und betrachtet bis heute die Mutterschaft als den Aspekt ihres Lebens, der ihr am meisten Glück und Erfüllung gebracht hat. Das Objekt dieser so idealen Mutterliebe zu sein erfüllte mich schon als Kind mit großer Dankbarkeit – und mit großer Schuld. Meiner tiefen kindlichen Liebe haftete eine Art Panik an, nicht zu wissen, wie ich in dieser Beziehung je ein Gleichgewicht des Gebens würde herstellen können. Was hatte ich denn getan, um eine derart perfekte Mutter zu verdienen? Und wer kümmerte sich um sie? Mit einer solchen Mutter aufzuwachsen hat überwiegend Vorteile, aber es hat auch Nachteile, wie ich als Erwachsene, die selbst Mutter geworden ist, feststellen musste. Ihre vorgelebte »Perfektion«, die ich wie auch mein Umfeld an ihrer Aufopferungsbereitschaft und Selbstlosigkeit festmachten, spukte später lange wie ein Gespenst über mir herum. Ständig mahnte mich die Erinnerung an sie daran, dass ich keine ausreichend gute Mutter bin. Ich mag die patriarchale Mutterrolle entlarvt haben, doch das Bild meiner eigenen Mutter sitzt so tief, dass ich mich frage, ob ich jemals ganz frei davon sein werde.

Dann trennte sich meine Mutter nach 23 Jahren Beziehung und vier Jahren Ehe von meinem Vater. Die Scheidung schmerzte uns alle sehr, wahrscheinlich auch deshalb, weil das schöne Bild der intakten Familie zerstört wurde und mit ihm ein gewisses Glück oder die Genugtuung, den gesellschaftlichen Ansprüchen gerecht zu werden. Unser neues Leben zu viert, so enttäuschend es in den Augen anderer auch sein mochte, machte meine Mutter in den meinen zu einer *noch* besseren Mutter. Ich wusste damals nicht, dass die Grenzen meiner Bewunderung noch nicht erreicht waren. Sie zog drei Kinder allein auf, zwei davon in der Pubertät, und arbeitete Vollzeit als Krankenschwester. Parallel durchlief sie eine schwierige Trauerphase und einen langen, aggressiven gerichtlichen Scheidungsprozess. Ich erlebte mit, wie meine Mutter sich allmählich von einer missbräuchlichen Beziehung befreite und zu sich selbst fand, und verstand, welchen Mut und welche Entschlossenheit sie dafür aufbringen musste. Im Grunde traf sie mit der Scheidung die konsequenteste Entscheidung, die sie als Mutter hätte treffen können. Sie tat, was für uns drei das Beste war – indem sie uns zeigte, dass sie Grenzen hatte, die es zu verteidigen galt.

Eltern wachsen gemeinsam mit ihren Kindern auf, auch wenn Kinder oft das Gefühl haben, dass sich ihre Eltern in einem statischen Zustand von Erwachsensein befinden und keine eigene Entwicklung mehr vollziehen. Meine Mutter ist heute eine andere Person als während meiner Kindheit. In den letzten vierzig Jahren hat sie viel Arbeit an sich selbst geleistet und einen tiefen individuellen und transgenerationellen Heilungsprozess eingeleitet. Blicke ich dieser schönen, zarten und so in sich ruhenden Frau heute ins Gesicht, sehe ich viel mehr als das Abbild der »perfekten Mutter« meiner Kindheit. Jahr für Jahr bin ich von meiner kindlichen Bewunderung und Verehrung zur Realisierung und Akzeptanz ihrer menschlichen Unvollkommenheit übergegangen. Meiner Liebe für sie haben diese Einsichten keinen Abbruch getan, im Gegenteil, sie ist jetzt noch authentischer. Es war die Liebesbeziehung zu meiner Mutter, die mich lehrte, die Idee loszulassen, dass Liebe nur in der Perfektion zu finden ist.

Die Beziehung zu meinem Vater ist anders. Bis heute gestehe ich mir die Liebe zu ihm nicht wirklich zu, was schon seit langem zu einer verunsichernden emotionalen Ambivalenz in mir führt. Wenn es doch prinzipiell das Fehlen von Liebe innerhalb familiärer Beziehungen ist, das problematisiert wird, wieso ist es für mich dann so schwierig, anzuerkennen, dass ich doch auch meinen Vater liebe? Die Ambivalenz quält mich, denn ich bin mir über meine Gefühle eben nicht sicher. Ist es wirklich Liebe, die ich für ihn empfinde? Wir sprechen von Mutter- oder Elternliebe, aber es gibt kein Wort für die Liebe der Kinder für ihre Eltern, als wäre sie so alternativlos, dass wir sie gar nicht erst zu benennen bräuchten. Die bedingungslose Liebe der Kinder kann sich jedoch allmählich vom unausweichlichen emotionalen und materiellen Abhängigkeitsverhältnis lösen und eine andere Qualität annehmen. Ich erinnere mich daran, wie sehr ich mich als Kind nach der Liebe meines Vaters gesehnt habe. Ich tat alles, um seine Aufmerksamkeit zu gewinnen, behauptete, Dinge wie Jazzmusik, Tatarsteak oder Westernfilme zu lieben, wollte ihn unbedingt beeindrucken, denn das, so glaubte ich, war der Weg zu seiner Zuneigung:

Leistung, Interesse, Gehorsam. Ab und zu ließ er mich seine Liebe dann spüren, doch ich empfand sie schon damals als konditional und flüchtig, als temporäre Belohnung für richtiges Verhalten. Sowohl meine Mutter als auch wir Kinder haben unter seiner psychischen und emotionalen Gewalt gelitten, und tun das teilweise noch.

Manchmal habe ich mir gewünscht, mein Vater wäre tot, so viel Hass habe ich zwischenzeitig für ihn empfunden. Wir lebten schon eine Weile nicht mehr im gemeinsamen Familienhaus, da stellte ich mir immer wieder vor, wie ich nachts sein Haus in Brand setzte. Es schien mir eine faire Rache angesichts des Terrors, den er meiner Mutter zufügte. Mir wurde als Kind und Teenager oft gesagt, dass ich meinem Vater ähnlich bin, was mir angesichts seines gewaltvollen Verhaltens unangenehm war und mich in der Viererkonstellation mit meiner Mutter und meinen beiden Schwestern schnell zur Außenseiterin gemacht hat. Unsere ähnlichen Charakterzüge verursachten eine schleichende Rivalität zwischen uns, die aufgrund meiner strukturellen Unterlegenheit seine patriarchale Autorität auf drastische, für ihn nicht auszuhaltende Weise untergraben hat. Und doch war und ist mein Vater kein Monster, sondern ein Mensch mit tiefen Wunden, die auf diejenigen bluten, die ihm nah sind. Ich muss mich meiner Liebe für ihn nicht schämen, nur weil sie nicht gegenseitig oder nährend ist. Mein Vater hat meine tiefgreifende Verbindung zur Natur geprägt und wichtige Werte wie Genügsamkeit und Demut in uns kultiviert. Er hat mir eine große Neugier und Offenheit für die Welt mit auf den Weg gegeben und mir einen reichen kulturellen, ethnischen und religiösen Hintergrund vererbt. Dafür bin ich ihm trotz aller Schatten dankbar.

Nur während einer Phase in meinem bisherigen Leben war die Beziehung zu meinem Vater einigermaßen stabil. Und zwar während meiner Ehe. Er war so zufrieden mit mir in der Rolle der traditionellen Frau und Mutter, war so erleichtert, dass ich mich endlich gefügt hatte. Von dem Moment an, als mein Ex-Mann und ich nicht mehr unter einem Dach lebten, hat er keinen Fuß in meine Wohnung gesetzt. Das liegt nun sieben Jahre zurück. Heute sprechen wir überhaupt nicht mehr miteinander.

Dieser Bruch hat in mir jahrelang nur Wut ausgelöst. Das war genau die richtige Emotion, sie half mir, den Verlust mit Energie aufzuladen, mit Enttäuschung und Ärger und Vorwurf und Selbstgerechtigkeit. Sie schützte mich vor der Trauer, die zu fühlen ich nicht bereit war. Ich redete mir ein, dass die Beziehung zu meinem Vater mir nichts bedeutete. Doch seitdem er nun permanent aus meinem Leben verschwunden ist, und ich gelernt habe, dass Liebe nicht nur affektive Bindung bedeutet, erlaube ich mir, unsere Beziehung zu betrauern – die zu ihm als Person, aber auch die Vater-Tochter-Beziehung, die ich mir immer gewünscht habe und doch nie hatte. Mein Vater ist der einzige Vater, den ich je haben werde, und wenn ich sehe, wie sich andere Väter liebevoll, vertraut und aufmerksam gegenüber ihren Töchtern verhalten, breitet sich eine große Leere in meiner Brust aus und lässt mich für einen Moment ausgehöhlt zurück.

Das große Schweigen, das so wichtig ist für die Aufrechterhaltung des Ideals vom familiären Glück, ist in meiner Familie besonders bedrohlich, denn es deckt ein schreckliches Geheimnis. Ein nahes Familienmitglied, dessen genaues verwandtschaftliches Verhältnis ich hier aus rechtlichen Gründen nicht nennen darf, hat mich ab dem Alter von sechs, sieben Jahren bis in meine Pubertät hinein regelmäßig vergewaltigt. Diese Gewalt saß die letzten dreißig Jahre in den tiefsten Winkeln meines Gedächtnisses gefangen. Ich habe niemandem davon erzählt, weder als Kind noch als Erwachsene. Der sexuelle Missbrauch von Kindern im familiären Umfeld spielt sich im Bereich der Unwirklichkeit ab. Es ist so grausam, dass es als ein unmenschlicher, monströser Akt behandelt wird. Doch Monster gibt es nicht, und das Verdrängen dieser Taten ins Unmenschliche erschwert es den Betroffenen, das Erlebte sichtbar und greifbar zu machen. Unsere Gesellschaft hat keine Sprache für Inzest, sie hüllt ihn in einen Schleier der Sünde, des Dämonischen und Unsagbaren, weshalb fast jeder Versuch, darüber zu sprechen, besonders vom nahen Umfeld als Lüge und Geltungssucht behandelt wird. Das Schlimmste am sexuellen Missbrauch von Kindern in der Familie ist für das direkte Umfeld meist nicht die Tatsache, dass es passiert ist, sondern dass die Wahrheit ans Licht kommt.

In einem Interview zum Erscheinen seines Buches *Wer hat meinen Vater umgebracht*, sagt Édouard Louis im *Guardian*: »Je mehr du über Gewalt sprichst, desto eher kannst du Gewalt verhindern.« Unter anderem deshalb ist für mich das Sprechen darüber so wichtig, ja sogar heilsam. Dreißig Jahre nach seinen Taten habe ich meinen Vergewaltiger konfrontiert. Er leugnete alles mit einem für ihn plausiblen Argument: »Es kann gar nicht passiert sein, ich finde Schwarze Frauen ja nicht mal attraktiv.« Am gleichen Tag fuhr ich zu meinem Vater, um ihm einen Brief zu überreichen, in dem ich ihm den Missbrauch durch unseren Verwandten schildere. Es schien mir einfacher, als es ihm mündlich zu erzählen, denn er hasst »emotionale Zurschaustellung«. Doch kaum hatte er die ersten Zeilen gelesen, schüttelte er den Kopf und murmelte: »Schwachsinn ... was erzählt sie denn da«, als stünde ich ihm nicht direkt gegenüber. Er las den Brief nicht zu Ende, warf mir vor, Lügen zu verbreiten, knüllte das Stück Papier in meine offene Tasche und befahl mir, sein Haus zu verlassen. Ich folgte den Worten Nina Simones und setzte unserer Beziehung ein dauerhaftes Ende. *You've got to learn to leave the table when love's no longer being served.*

FREIHEIT

»Befreiung« klingt nach Paukenschlag, nach zerreißenden Fesseln und aufschwingenden Türen. Befreiung ist aber meistens ein Prozess – und kein einfacher. Die Ehescheidung meiner Eltern stellt eine wichtige Wende im Leben meiner Familie dar. Ein paar Jahre nach der Trennung, wir waren mittlerweile von Paris nach Lyon gezogen und ich siebzehn Jahre alt, gab ich meiner Mutter ein Geschenk, das für mich diesen neuen Lebensabschnitt repräsentierte. Es war ein kleiner Holzrahmen, der vier Figürchen aus Keramik umschloss. Unter den Figuren waren unsere Namen eingraviert, am oberen Rand stand: *une mère, trois filles ... le bonheur!* Und das erlebten wir damals wirklich. Tag für Tag richteten wir uns in unserem Leben zu viert ein und waren überrascht und entzückt, eine neue Form der Harmonie gefunden zu haben. Wir sahen von außen vielleicht nicht mehr aus wie die perfekte Familie, aber in ihrem Rahmen fühlten wir uns geliebt und sicher wie nie. Die

Liebe, die wir teilten, schien unzerstörbar. Heute ist das Bild ein anderes.

Ein paar Monate vor der Konfrontation mit meinem Vergewaltiger hatte ich meinen Schwestern die Wahrheit über den sexuellen Missbrauch erzählt. Beide zeigten sich solidarisch und verständnisvoll, ich fühlte mich aufgefangen in ihrem Vertrauen und ihrer Empathie, bestätigt in ihrem Schock. Doch am nächsten Tag taten sie, als hätte unser Gespräch nicht stattgefunden. Allmählich wendeten sie sich von mir ab. Seitdem sehen wir uns nur noch auf Familienfeiern oder sprechen, wenn wir gemeinsame Urlaube für unsere Kinder planen, sonst sind wir wie Fremde. Ihre scheinbare Gleichgültigkeit und ihr Schweigen fühlten sich an wie Verrat. In ihrer Essaysammlung *Coventry* spricht Rachel Cusk von Coventry als einem realen, wenn auch nicht physischen Ort. Es ist der Ort, an den sie von ihren Eltern verdammt wird, wenn sie sich »falsch« verhält. »Mein Leben lang hatte ich Angst vor Coventry, vor seiner Weite, seiner Ödnis und Einsamkeit, vor dem, wofür es steht, nämlich aus der Geschichte ausgestoßen zu sein.« Dort befand ich mich seit dem Versuch, meine schmerzhafte Erfahrung mit meiner Familie zu teilen, die notwendigerweise unser gemeinsames Narrativ verändert hätte. In meinem ganz eigenen Coventry.

Aber ähnlich wie Cusk mache ich die Erfahrung, dass es, je länger ich in »Coventry« verharre, umso schwieriger wird, den Ort zu verlassen und in die altbekannten Strukturen meines Familienlebens zurückzukehren. Ich stelle fest: Ich kann nicht zurück, denn Rückkehr würde bedeuten, in die vermeintliche Sicherheit einer Lüge zurückzukehren. Also wächst die Dissonanz zwischen mir und meinen Schwestern, während ich durch einen tiefgreifenden Erweckungsprozess gehe und die Welt, in der ich bisher gelebt habe, neu bewerte. Aus dieser fremden Perspektive erhält all das Gute, das ich über Jahrzehnte auf meine Familie projiziert, aber auch erlebt habe, einen schalen Beigeschmack: unser Zusammenhalt, unsere Vielfalt, unsere Geschichte, selbst einzelne Fotos und Anekdoten. Nichts scheint mehr zu passen, alles wirkt falsch. Wie konnte ich nur so lange die vielen Schattenseiten meiner Familie ignorieren? Lag es an den Dogmen unserer Kindheit, Gefügigkeit, Anpassung und Unterordnung? Ich glaube, dass diese autoritäre, patriarchale Erziehung den Boden für den sexuellen Missbrauch bereitet hat, der mich so früh traf. Wir durften uns besonders gegenüber der männlichen Autorität nicht wehren. Es wäre uns nicht mal in den Sinn gekommen, sie zu hinterfragen. Ich wurde für mein starkes Temperament und meine außerordentliche, neurodivergente Empfindsamkeit immer wieder bestraft und beschämt. Später setzte mich mein Lebensweg auf allzu offensichtliche Weise vom Rest meiner Familie ab, und so wurde ich in der Rolle der Externen zur Bedrohung für ein System, das sich bislang auf einen kollektiven Selbsterhaltungstrieb verlassen konnte. Familien sind auf unterschiedliche Weisen dysfunktional, aber diejenigen Familien, die sich nicht mit ihrer Dysfunktion beschäftigen wollen, berufen sich häufig auf die gleiche Strategie: Sie projizieren die Dysfunktion auf dasjenige Familienmitglied, das heraussticht, wie die Psychotherapeutin Gillian O'Shea Brown in *Healing Complex Posttraumatic Stress Disorder* beobachtet. Es gehört zur unbewussten Bewältigungsstrategie der meisten Familien, die unehrliche Harmonie vor ehrlichen Konflikten bevorzugen, und ist der Ursprung von Konzepten wie dem »schwarzen Schaf«.

Als Kind hatte ich, wie alle Kinder, das dringende Bedürfnis, von meiner Familie akzeptiert, aufgenommen und behalten zu werden. Mich an ihre Spielregeln anzupassen war die ersten zwei Jahrzehnte meines Lebens eine Überlebensstrategie, insbesondere während des sexuellen Missbrauchs. Aber je älter und selbstsicherer ich wurde, desto weniger spürte ich das Bedürfnis, mich anzupassen. Mein Platz in unserer Familienkonstellation wurde immer enger. Ich musste dort raus. Der anschließende Emanzipationsprozess war sehr schmerzhaft, dabei von Befreiung zu sprechen banalisiert und glorifiziert ihn. Ich fühlte mich isoliert, einsam und verloren, als würde ich aus einem naiven Traum erwachen.

Der Verlust des schwesterlichen Zusammenhalts und der Ausschluss aus meiner Familie ist und bleibt bei weitem die schmerzhafteste Konsequenz der Konfrontation mit meinem Vergewaltiger. Weder seine Leugnung noch die gewaltvolle Ablehnung meines Vaters haben annähernd so tiefe Wunden hinterlassen wie die gemeinsame Abkehr meiner Schwestern von mir. Ich fühle ihren Rückzug und ihr Schweigen täglich am ganzen Körper und sehe hilflos dabei zu, wie die Distanz zwischen uns wächst. Es fällt mir schwer, das Gedankenkino auszuschalten, mir nicht vorzustellen, wie sie gemeinsam über mich sprechen. Die familiäre Liebe kann so schmerzvoll sein, weil wir von klein auf lernen, unseren Selbstwert in unserem nächsten Gegenüber zu suchen. In Édouard Louis' Memoir *Im Herzen der Gewalt* belauscht der Autor eines Tages seine Schwester Clara dabei, wie diese ihrem Mann von Édouards Vergewaltigung berichtet. Er ist entsetzt von ihrem Ton, der Wahl ihrer Worte, fühlt sich falsch verstanden und seine Erfahrung verzerrt. Vor einer solchen Verzerrung fürchte ich mich zutiefst. Und auch davor, dass es meinen Schwestern nicht gelingt, den Schmerz des kleinen Mädchens, das ich war, nachzuempfinden. Ich habe schreckliche Angst, in all ihren Fehlvorstellungen von mir zu ertrinken.

Ich liebe meine Schwestern weiterhin und werde sie mein Leben lang lieben. Und ich glaube auch, dass sie mich trotz ihres Schweigens und ihrer fehlenden Solidarität lieben. Auch wenn der Kontaktabbruch für meine Selbsterhaltung alternativlos war, hat er die Liebe nicht automatisch aufgelöst. Liebe setzt nicht voraus, eine Beziehung mit den Menschen zu führen, die man liebt. Das ist eine wichtige Lektion, die ich machen durfte: Bedingungslose Liebe bedeutet nicht bedingungslose Akzeptanz aller Verhaltensweisen. Beziehungen sind konditional, Liebe nicht. Manchmal muss man Menschen aus der Ferne lieben.

In ihrem Buch *Die Wolfsfrau* schreibt die amerikanische Psychoanalytikerin Clarissa Pinkola Estés: »Wer sich die Wahrheit über seine Verletzungen innerlich eingesteht, kann sicher sein, dass ihm intuitiv einfällt, welche die richtige Therapie ist. Wir dürfen die innere Leere nicht mit Krimskrams auszufüllen versuchen. Man muss auf die richtige Medizin warten. Diese ist nicht zu verkennen, wenn man sie findet, denn sie macht uns stärker, nicht schwächer.« Die Leere, die meine Schwestern und mein Vater hinterlassen haben, war furchterregend. Ich stand vor einem Abgrund und wusste nicht, wie ich nicht hineinfallen sollte. Doch allmählich fing ich an, den Platz zu sehen, der dadurch für neue Menschen und Bindungen frei wurde. Erst als Erwachsene habe ich verstanden, was es bedeutet, als die Person gesehen und akzeptiert zu werden, die ich wirklich bin. In Stephen Chboskys

Coming-of-Age-Roman *The Perks of Being a Wallflower* sagt ein Lehrer dem Protagonisten Charlie, der als Kind von seiner Tante sexuell missbraucht wurde: »Wir nehmen die Liebe an, von der wir glauben, dass wir sie verdienen.« Meine Freund*innen haben mir gezeigt, dass ich jede und alle Liebe dieser Welt verdiene. Ich habe Menschen kennengelernt, die mein empfindsames, »schwieriges« Selbst annehmen und lieben, die meinen Heilungsprozess unterstützen und dazu bereit sind, gemeinsam mit mir zu wachsen. Familie ist nicht zwingend genetisch vorgegeben, sie muss sich nur in der Praxis bestätigen.

Anthropolog*innen haben weltweit unterschiedliche Arten und Weisen beobachtet, wie Verwandtschaft entsteht und erhalten wird. Bei den Ilongot auf den Philippinen ist verwandt, wer zusammen migriert. Für die Neuguineer*innen des Nebilyer Valley ist verwandt, wer als Baby von der gleichen Muttermilch getrunken hat. Für die Chuukese in Mikronesien sind es diejenigen, die gemeinsam ein lebensgefährliches Ereignis im Meer überlebt haben. Verwandtschaft entsteht, wenn Menschen entscheiden, ihre Leben miteinander zu verflechten. Diese Formen der Verwandtschaft werden von verschiedenen Anthropolog*innen als »Gegenseitigkeit des Seins«, als »innere Solidarität der Seelen« und als »mystische Abhängigkeit« beschrieben. Alle drei Beschreibungen helfen mir, meine heutige Familie zu begreifen. Mein Befreiungs- und Heilungsprozess der letzten acht Jahre hat meine Wahlfamilie herbeigezogen. Das Schönste an ihr ist, dass sie unendlich wachsen kann.

LOVERS LIEBEN

> Deine Aufgabe besteht nicht darin,
> nach Liebe zu suchen, sondern darin,
> alle Hindernisse in dir selbst zu finden,
> die du gegen sie errichtet hast.
>
> *Rumi*

Kann man einen Essay über das Lieben schreiben, ohne dabei über die romantische Liebe nachzudenken? Ich wünsche mir, meine Antwort auf diese Frage lautete: Natürlich, uns wäre damit ein Gefallen getan. Über die romantische Liebe wissen wir Bescheid, sie wurde in allen Tönen besungen. Über sie ist alles, vielleicht sogar zu viel gesagt. Doch mein Schreiben wäre unaufrichtig, täte ich so, als hätte ich die romantische Liebe hinter mir gelassen, als interessierte sie mich nicht länger, als lägen nicht intensive romantische Turbulenzen hinter mir, während ich diese Worte in meinen Laptop tippe. Das Ende einer romantischen Liebe konfrontiert mich jedes Mal mit dem einen Gefühl, dem zu stellen ich mich am wenigsten wage, und doch sitze ich ihm nun ein weiteres Mal gegenüber: der Angst vor Einsamkeit.

EINSAMKEIT

Ein konstanter Hunger nach authentischer Verbindung, so würde ich diese latente, allseits anwesende Traurigkeit heute beschreiben. Als Kind hatte ich noch keine Sprache für das tiefe Gefühl von Isolation, das mich glauben ließ, nicht verstanden oder unterstützt zu werden, und das sich oft in Verhaltensweisen manifestierte, die mich zu einem »schwierigen« Kind machten: sensibel, störrisch, rastlos. Als ich mich über mein eigenes »schwieriges« Kind beklagte, las ich irgendwo: »Es gibt keine schwierigen Kinder, nur schwierige Situationen.« Ich wünschte, meine Eltern hätten diesen Satz damals gelesen. Statt Verständnis wurde mir Irritation entgegengebracht, die mich in meiner Sehnsucht vollends verunsicherte. Wie es so ist, fühlte ich mich am einsamsten, wenn ich umgeben war von Menschen. Als würde eine unsichtbare Barriere um mich herum verhindern, dass mich die anderen überhaupt sahen. Das daraus resultierende Gefühl der Leere prägte meine spätere Suche nach tiefer, echter Bindung.

Nach dem schmerzhaften Ende meiner letzten großen Beziehung versuchte ich, die gefürchtete Leere zu meiden, und stürzte mich in eine Affäre. Aber ich spürte schnell, dass die Einsamkeit in der Belanglosigkeit dieser Beziehung noch größer wurde, und so kappte ich auch diese Bindung. Ich kam zurück zu mir selbst, packte meine Tasche, sagte alle Termine ab, warf meinen Wohnungsschlüssel in den Briefkasten meiner Nachbarin und nahm das nächste Flugzeug nach Kolumbien. Es war an der Zeit, der Einsamkeit ins Gesicht zu blicken. Ich kam spät in Bogotá an, übernachtete in der Nähe des Flughafens und nahm am nächsten Morgen einen Bus in die Provinz Putumayo, nahe der ecuadorianischen Grenze. Nachdem ich meine Sachen in einer einfachen Holzhütte abgelegt und zehn Stunden Schlaf nachgeholt hatte, ging es los.

Die Dunkelheit, die milde Nachtbrise und der schrille Chor der Insekten erinnerten mich an den Garten meiner Großeltern auf Martinique. Ich nahm den Becher mit dem Sud der Ayahuasca entgegen und trank, ohne zu atmen. Auf einer dünnen Matte in meinem Schlafsack liegend wartete ich darauf, dass die Pflanze ihre Wirkung entfaltete. Als auch nach Stunden nichts geschah, versank ich in Enttäuschung. Ich war so weit gereist, warum hatte der Ayahuasca-Tee ausgerechnet auf mich keine Wirkung? Ich rollte mich auf die Seite, zog meine Beine zur Brust und spürte ein überwältigendes Gefühl von Einsamkeit. Während das Salz meiner stillen Tränen die Haut auf meinen Wangen kitzelte, erschienen plötzlich Bilder vor meinem inneren Auge. Ich sah mich durch Orte laufen, an denen ich einst gelebt hatte. Durch die Straßen Quitos, die Bucht von Daressalam, die wimmelnden Gassen von Kibera, entlang der endlosen Baustellen auf meinem täglichen Weg zur Universität in Lyon, durch die wüsten Prachtstraßen Berlins, als die Stadt noch dünn besiedelt war. Auf allen vieren bahnte ich mir einen Weg durch einen dunklen, dichten Wald. Er erinnerte mich an einen Märchenwald, in dem die Figuren die Kraft ihrer Urinstinkte wiederentdecken. »Geh hinaus in den Wald, geh hinaus. Wenn du nicht hinaus in den Wald gehst, wird nie etwas passieren, und dein Leben wird nie beginnen«, zitiert Clarissa Pinkola Estés in der *Wolfsfrau* ihr eignes Prosagedicht »Die Wimper des Wolfs«. Ich ließ mich in den Strudel der Bilder fallen und verstand: Die Einsamkeit gehört zu meinem Lebensweg. Aus ihr entspringt meine Kraft, meine Kreativität. Ich muss Raum für sie schaffen, anstatt sie in meiner Angst beliebig zu füllen. Erleichterung machte sich breit, ich war der Suche müde.

Einer der Orte, die ich auf der dünnen Matte im kolumbianischen Regenwald liegend im Geist besuchte, war ein hübsches kleines Haus. Ich kannte diesen Ort nur von Social Media und war selbst nie dort gewesen. Hier lebte eine meiner Ex-Freundinnen, die sich in letzter Zeit häufiger in meine Gedanken geschlichen hatte, mit ihrer Partnerin. Die beiden schienen ein perfektes Leben zu führen, wie magisch fühlte ich mich zu ihrer symbiotischen Liebe hingezogen. Ich blieb eine Weile vor ihrer Tür stehen, die dunkelgrün gestrichenen Fensterläden standen offen, ich konnte mir ihren Alltag dahinter vorstellen. Gespannt wartete ich darauf, was der Rausch mir zeigen wollte, als mich ein intensives Beklemmungsgefühl überkam. Dieses Leben, das eine so große Sehnsucht in mir auslöste, es war nicht meins. Ich würde darin ersticken.

Die romantische Liebe hat ein wankelmütiges Wesen. Sie erhebt uns in die höchsten Höhen und stürzt uns in die tiefsten Tiefen, sie befreit und sperrt uns ein, wir sehnen uns nach ihr, und wenn wir sie finden, sind wir oft so überwältigt, dass wir Reißaus nehmen. Jahrelang habe ich zwischen zwei Polen gelebt und tat mich schwer, ein Mittelmaß zu treffen. Es schien mir, als müsste ich nur herausfinden, was für mich schlimmer war, die Einsamkeit und Stille außerhalb der Paarbeziehung oder die Enge innerhalb von ihr. Meistens machte mir die Stille mehr Angst, weil sie Schmerz und Wunden freilegt, die in der Zweisamkeit begraben bleiben können. Doch mit der Zeit gelang es mir, mich einzupendeln und zu erkennen, dass die Flucht vor der Einsamkeit eine Flucht vor mir selbst war. Und dass Beziehungen keine langfristige Rettung vor diesem Dilemma boten.

PROJEKTION

»Ich bin einsam, aber nicht jeder wird genügen. Ich weiß nicht, warum, aber manche Menschen füllen die Lücken und andere verschärfen meine Einsamkeit. In Wirklichkeit sind die, die mich befriedigen, diejenigen, die mir einfach erlauben, mit meiner Vorstellung von ihnen zu leben«, schreibt die Schriftstellerin Anaïs Nin 1928 in ihr Tagebuch. Es gefällt mir, wie unverfroren sie eine Wahrheit ausspricht, die mir so vertraut ist: Oft verliebe ich mich in die Vorstellung einer Person, nicht in die Person selbst. Am konsequenzlosesten funktioniert diese Projektion eigener Wünsche mit Menschen, die nicht verfügbar sind. Statt komplexe und oft komplizierte Intimität zu erleben, spiele ich im Kopf das ganze Repertoire romantischer und sexueller Begegnungen ab, über das wir dank unserer (pop-)kulturellen Erziehung alle verfügen, bis ich mich an einer bestimmten Vorlage sattgeträumt habe und die nächste Projektionsfläche suche. Die Erfahrung von erwiderter Zuneigung, von einer Begegnung auf Augenhöhe bleibt so aus, das Gegenüber ist lediglich ein Symptom der Leere, die in mir haust.

In *Alles über Liebe* warnt bell hooks davor, Liebesbeziehungen als Mittel zur Flucht einzusetzen: »Wenn wir allein sein können, können wir mit anderen zusammen sein, ohne sie nur dazu zu benutzen, dem Alleinsein zu entkommen.« Doch so sehr ich ihre Worte auch verinnerlichen möchte, das Narrativ einer Kultur, die die romantische Liebe als einzigen Zufluchtsort vor dem Alleinsein bewirbt, sitzt tief. Die monogame Paarbeziehung ist die Allianz, die zwei Menschen eingehen müssen, um gegen die harte Welt zu bestehen. Eine Art »Egoismus zu zweit«, wie es der Autor Gary Zukav in *Die Spur zur Seele* beschreibt.

Die Angst vor dem Alleinsein wird durch eine gesellschaftliche Norm verstärkt, welche die exklusive sexuelle Beziehung zwischen zwei Menschen als naturgegeben vorschreibt. Die romantische Liebe, die oft als *wahre* Liebe bezeichnet wird, ist allerdings nicht nur ein normiertes intimes Gefühl, sondern auch eine öffentliche Angelegenheit, die von Familie, Freund*innen, Vermieter*innen, Arbeitgeber*innen und dem Staat begünstigt wird. Führt die Liebesbeziehung in den »sicheren Hafen« der Ehe, wird ihr ein Status verliehen, der den Liebenden ökonomische und juristische Vorteile verschafft. Wir lernen sehr früh, dass die romantische Liebe eines der wichtigsten Projekte unseres Lebens sein wird. Also üben wir schon als Kinder, verzehren uns als Teenager nach Popstars und leiden später auch als glückliche Singles unter dem Gefühl des Versagens.

Selbst die Liebe wird in unserer Leistungsgesellschaft zu einem Wettbewerb. Beim Dating geht es darum, »gewählt« zu werden, wir performen ein Selbst, von dem wir glauben, dass es der anderen Person gefällt, und zeigen uns dabei nie ganz. Aber wie können wir uns der Akzeptanz und Zuneigung des*der anderen je sicher sein, wenn wir uns verstecken? In der Liebe muss es Raum geben für Unvollkommenheit, Fehler und Ambivalenzen. Projektionen schließen diesen Raum. Nur wenn die andere Person in all ihrer Komplexität gesehen und akzeptiert wird, kann Liebe gedeihen. Niemand hat das Paradox dieser Datingkultur besser formuliert als James Baldwin in *Nach der Flut das Feuer*: »Die Liebe nimmt uns die Masken ab, von denen wir fürchten, dass wir ohne sie nicht leben können, und von denen wir wissen, dass wir hinter ihnen nicht leben können.«

FIKTION

Wenn ich mich verliebe, dann heftig und schnell. Ohne Sinn und Verstand versinke ich in dem Gefühl des Verliebtseins. Rückblickend erkenne ich häufig, dass das, was ich da gefühlt habe, keine Liebe war, sondern der Wunsch nach starken Emotionen. Mich zu verlieben und zu spüren, dass die andere Person meine Gefühle erwidert, ist ein süchtig machender Zustand. Es kommt vor, dass ich in besonders intensiven Phasen ein unbändiges Verlangen nach der Aufmerksamkeit der anderen Person, Kontrollverlust oder Entzugserscheinungen empfinde. Doch genau dieses Verlangen steht authentischer Liebe im Weg. Gabor Maté schreibt in seinem Buch *Im Reich der hungrigen Geister*: »Der Unterschied zwischen Leidenschaft und Sucht ist der zwischen einem göttlichen Funken und einer Flamme, die verbrennt.« Sucht, Obsession, Projektion verglühen, Liebe entzündet.

Der Soziologin Eva Illouz zufolge ist ein Teil unserer emotionalen Sozialisation fiktiv, weil wir manche Gefühle mithilfe codierter Vorlagen entwickeln. Wenn bereits beim ersten Date das Kopfkino einsetzt und sich die Bilder eines perfekten Lebens zu zweit vor die real anwesende Person schieben, wird es schwer, diese klar zu sehen. Die in solchen Fantasien entstehenden Emotionen und Gefühle nähren sich aus den Erzählungen über die Liebe, die sich in unser Bewusstsein gebrannt haben. Das Skript der romantischen Liebe sprengt die Realität des gegenwärtigen Dates und katapultiert zumindest eine der beiden Anwesenden in eine mögliche gemeinsame Zukunft. Die andere Person bleibt allein am Bartresen zurück, insofern sie nicht in ihre eigene Vision entschwindet. Die romantische Liebe findet oft zu ähnlich großen Teilen in der Zukunft statt wie im Hier und Jetzt. Trennungen schmerzen daher auch aufgrund des Verlusts einer imaginären Zukunft.

Ein anderer wichtiger Aspekt des romantischen Skripts ist, dass es in der Liebe ausnahmslos schön und aufregend zugehen darf. Aber zur Liebe gehören auch die schweren, komplizierten, chaotischen Gefühle, und manchmal fühlt sie sich auch ganz unspektakulär und alltäglich an. Liebe ist das, was die meisten von uns jeden Tag tun, so unvollkommen und unmerkbar es sein mag. Die Socken und Unterwäsche der geliebten Person zu falten, ihr das Lieblingsobst zu kaufen, sobald die Saison beginnt, oder am Ende eines langen Arbeitstages ein offenes Ohr zu haben – das ist Liebe. Wer in der Liebe nur Schönheit, Glück, Erfüllung und Spektakel sucht, läuft Gefahr, sie nicht zu erkennen, wenn sie direkt vor einem steht.

Niemand ist leicht zu lieben, am schwersten aber ist es, sich selbst zu lieben. Wo wir anderen Personen großzügig und milde begegnen können, bleiben wir uns selbst gegenüber oft hart und unnachgiebig. Auch deswegen suchen wir die Liebe zu anderen Menschen, weil wir durch sie lernen, uns selbst neu zu begegnen. Der Dichter Eric Micha'el Leventhal fasst diesen Gedanken in ein Gedicht: *Jeder Mensch, dem du begegnest, / ist ein Aspekt von dir selbst, / der nach Liebe verlangt.* Schlussendlich hat die Liebe die Kraft, uns zu transformieren. Denn entgegen dem Klischee der rosaroten Brille kann sie uns helfen, Klarheit zu gewinnen und zwischen dem zu unterscheiden, was wir wirklich sind, und dem, was wir uns vorstellen zu sein. Gelingt die Differenzierung, können wir die Masken ablegen und einander begegnen.

ÜBERFLUSS

Erich Fromm schreibt in seinem Buch *Die Kunst des Liebens,* dass Liebe nicht in erster Linie die Beziehung zu einer Person sei, sondern vielmehr eine Haltung, »eine Orientierung des Charakters, welche die Beziehung eines Menschen zur Welt als Ganzes und nicht nur zum Objekt der Liebe bestimmt«. Menschen in polygamen Beziehungen werden oft als egoistisch und gierig bezeichnet, dabei ist das Gegenteil der Fall: Die Ausdehnung der Liebe auf mehrere Menschen schwächt sie nicht, sondern kann sie stärken, weil es Einzelne von dem Druck des Besitzanspruchs befreit. Die Begrenztheit der monogamen Paarbeziehung, wie ich sie wahrnehme, basiert auf der Vorstellung, dass Liebe eine knappe Ressource ist, die sich weder teilen noch vermehren lässt. »Die Liebe liebt das Wandern (Gott hat sie so gemacht), von einem zu dem andern«, so die Liedzeile aus Schuberts *Winterreise* nach dem Dichter Wolfgang Müller. Die Liebe zwischen zwei Personen muss bewacht werden, wenn sie nicht verloren gehen soll. Die schwedische Feministin Andie Nordgren, die den Begriff »Relationship Anarchy« prägte, sagt im Gegensatz dazu, dass es die Liebe im Überfluss gäbe. Sie sei eine unbegrenzte Ressource und dürfe nie Gegenstand von Protektionismus sein.

In einer Kultur der Exklusivität wird besitzergreifendes Verhalten als Beweis für die Intensität der Liebe betrachtet. Diese oft öffentlich performte Ausschließlichkeit, mit der die auserkorene Person geliebt wird, scheint mir eine eher peinliche Nebenwirkung der Monogamie zu sein. Das Hinterfragen der Monogamie als gesellschaftliche Norm zwingt uns, uns von der Vorstellung der Liebe als Nullsummenspiel loszulösen. Eifersucht ist ein Produkt des Knappheitsmythos, denn wer nicht fürchten muss, etwas zu verlieren, wenn die Liebe des Gegenübers sich auch auf andere erstreckt, der wird die Beteuerung, einzig und allein geliebt zu werden, nicht brauchen.

Vor der neolithischen Revolution hatten Frauen in Jäger*innengemeinschaften Sex mit so vielen Männern (und Frauen), wie sie wollten, um den Nachwuchs kümmerte man sich gemeinschaftlich. Männer waren an der Erziehung aller Kinder beteiligt, weil jedes Kind das eigene sein konnte. Mit dem Übergang von der nomadischen Lebensweise zur sesshaften Landwirtschaft wurde Besitz zu einem zentralen Aspekt des wirtschaftlichen und sozialen Lebens: die Anhäufung von Land, Vieh und Arbeitskraft sicherte das Überleben. Das neue Konzept von Eigentumsrecht erstreckte sich bald bis in die intimen Beziehungen. Die monogame Beziehung, später die Ehe, wollte in diesem Zusammenhang die Sexualität der Frau auf einen einzigen männlichen Partner beschränken. Im napoleonischen Zivilgesetzbuch hieß es in diesem Sinne: »Frauen und Kinder sind das Eigentum des Mannes, so wie der Apfelbaum und die Äpfel dem Bauern gehören.«

Die Kontrolle über den Frauenkörper verlangte eine klare

Einrahmung ihrer Sexualität. Die Tatsache, dass Liebe und Sex in unserer Gesellschaft derart eng miteinander verknüpft sind, hat patriarchale Wurzeln. Sex wird noch immer nicht als etwas von der Liebe Losgelöstes verstanden. Diese Verschmelzung von Sex und Liebe ist integral, um die patriarchale Unterdrückung, die Vereinnahmung und die Kontrolle der Sexualität der Frauen, aufrechtzuerhalten. Ich lasse das Thema Sex deshalb absichtlich aus diesem Essay raus. Wir sollten aufhören, Sex und Liebe selbstverständlich miteinander zu verknüpfen, denn wenngleich sie koexistieren können, bedingen sie einander doch nicht. Die Entkoppelung von Sex und Liebe rüttelt einerseits an der gesellschaftlichen Erwartungshaltung, dass die romantische Beziehung die primäre Quelle der sexuellen Erfüllung sei, und ermöglicht es uns andererseits, menschlichen Beziehungen und Erfahrungen die unbedingt notwendige Komplexität einzuräumen.

FREUND*INNEN LIEBEN

> Je länger ich lebe, desto klarer wird mir, dass die Liebe – ob wir sie nun Freundschaft, Familie oder Romantik nennen – darin besteht, das Licht des anderen zu spiegeln und zu vergrößern.
>
> *James Baldwin*

Frisch eingeschult lernte ich ein neues Mädchen kennen, Marie. Sie lebte ein paar Häuser weiter und ging in meine Klasse. Die Leichtigkeit, die Zuneigung und Verbundenheit zwischen uns fühlten sich neu und unglaublich an. Es war Liebe, die wir füreinander empfanden, ohne es damals artikulieren zu können. Diese Freundschaft war der Beginn meines freundschaftlichen Lebens. Freundschaften unter Frauen und Mädchen sind besonders und haben in einer patriarchalen Welt sogar etwas Subversives an sich. Für mich gehören sie zu den prägendsten Beziehungen meines Lebens.

Tatsächlich habe ich keine männlichen Freunde. Das war keine aktive Entscheidung, es hat sich bisher einfach nicht ergeben. Das heißt nur auch, dass ich wenig über Freundschaft von, zu und unter Männern sagen kann. Die vielen philosophischen Abhandlungen zu diesem Thema, von Denkern wie Jacques Derrida, Michel de Montaigne, Michel Foucault oder Siegfried Kracauer, hallen nicht in mir nach. Stattdessen lege ich das Augenmerk auf meine Erfahrung mit Freundschaften zwischen weiblich sozialisierten Personen. Was mich dabei besonders interessiert, ist die Frage nach der Rolle von freundschaftlicher Liebe in unserer Gesellschaft. Ich wage nämlich zu behaupten, dass diese Liebe die facettenreichste überhaupt ist – und gleichzeitig die, der am wenigsten Beachtung geschenkt wird.

Simone de Beauvoirs autofiktionaler Roman *Die Unzertrennlichen* handelt von der innigen Freundschaft zwischen Simone und ihrer Jugendfreundin Zaza, einer Beziehung, die für Sylvie Le Bon de Beauvoir, Tochter der Autorin und Verfasserin des Vorworts dieses Romans, nur eines sein kann: »Was ist das für ein namenloses Gefühl, das unter dem konventionellen Etikett der Freundschaft ihr unberührtes Herz in Bewundern und Entzücken entflammt, wenn nicht Liebe?« Beim Lesen dieser Zeilen muss ich an Marie denken, aber nicht nur. Bei fast jeder großen neuen Freundschaft in meinem Leben fühlte ich dieses aufgeregte Entzücken, die ersten Anzeichen einer Liebe, die über die Jahre daraus entstehen würde. Die längste Zeit habe ich sie nur nicht als solche erkannt.

UNSICHTBAR

Die Liebe, die in Freundschaften steckt, bleibt unbemerkt in einer Kultur, die die heterosexuelle Liebe über alles andere stellt. Beim Lesen von Simone de Beauvoirs Buch über Zaza war ich mir unsicher, ob es sich dabei wirklich um freundschaftliche Liebe oder aber um romantische Liebe handelte, die, in der Abwesenheit von Repräsentationen lesbischer Liebe, als Freundschaft missverstanden wurde. Für die besondere Bindung zwischen diesen beiden Mädchen spielt das Etikett jedoch keine Rolle, an ihren Gefühlen änderte es nichts. Ob romantische, platonische oder familiäre Liebe – die Gefühle können in ihrer Intensität und Aufrichtigkeit ganz ähnlich sein. Ich lehne die Hierarchisierung verschiedener Formen zwischenmenschlicher Bindung grundsätzlich ab, anders als beispielsweise die Deutsche Verfassung, in der das Wort »Freundschaft« nur in Zusammenhang mit Diplomatie auftaucht, die Ehe und Familie aber in Artikel 6 des Grundgesetzes geschützt werden. In einer Gesellschaft, die prinzipiell hierarchisch denkt und wertet, endet der Versuch, die Bedeutung der Freundschaft aufzuwerten, häufig darin, sie der romantischen Liebe angleichen zu wollen. Wir sollen glauben, dass Freundschaften uns das »Gleiche« geben können wie die romantische Liebe. Dass die freundschaftliche Liebe der romantischen vielleicht sogar überlegen ist. Warum sollten wir verschiedene Bindungsformen gegeneinander antreten lassen, anstatt aus jeder das mitzunehmen, was wir jeweils suchen? Durch die Geringschätzung oder Vernachlässigung von Freundschaften versagen wir uns selbst wichtige Quellen von Zuneigung, Nähe, Unterstützung, Zuflucht und Intimität, die wir im Laufe eines Lebens alle brauchen werden. Bisher werden Freundschaften oft als entbehrlich behandelt, als die Beziehungen, die schnell geopfert werden dürfen, besonders zugunsten einer romantischen Beziehung. Freundschaften haben selten Priorität, sie sind auf die Resträume unseres Lebens beschränkt: nach der Arbeit, jenseits der Paarbeziehung, vor und nach der Mutterschaft, in der Kindheit. Dieses Denken begrenzt unser Liebesleben stark. Nur wenn es uns gelingt, die Hierarchie der menschlichen Beziehungen und die Übermacht der Paare zu überwinden, werden wir ein wirklich erfülltes und unabhängiges Leben führen können. Und wenn wir schon dabei sind, können wir auch gleich mit den harten Trennlinien zwischen verschiedenen Formen der Liebe aufräumen: Lovers sind auch befreundet, und in der romantischen Liebe steckt viel freundschaftliche Liebe. Zumindest sollte sie das laut Friedrich Nietzsche: »Es ist nicht ein Mangel an Liebe, sondern ein Mangel an Freundschaft, der zu unglücklichen Ehen führt.« Also: Lasst uns Häuser mit Freund*innen kaufen, Kinder zusammen aufziehen, gemeinsame Bankkonten eröffnen, im Alter füreinander Verantwortung und Sorge tragen.

NUTZLOS

Wenngleich ich mir manchmal Verträge unter Freund*innen wünsche, als weiteren Schritt der Emanzipation von der Institution der Ehe, stelle ich immer wieder fest, dass es etwas zutiefst Befreiendes an Beziehungen gibt, die sich ohne vertragliche Verpflichtungen oder gesellschaftlich auferlegte Normen entfalten können und für die sich die Beteiligten bewusst entscheiden. Freundschaften sind etwas Interstitielles, Unreguliertes, Freiwilliges, etwas, das wir immer wieder wählen und das von Affektivität und dem Streben nach Freude geleitet wird. Sie sind Orte der Langsamkeit und des Vergnügens, eine unvollkommene Verankerung in unseren unvollkommenen Leben. Freundschaften werden selten anhand ihres Nutzens, ihres ökonomischen oder intellektuellen Beitrags bemessen, hier darf gezweifelt, ausprobiert und gestrauchelt werden – im besten Falle führt jedes Scheitern zu größerer Nähe.

Eine Beziehung, die frei ist von dem Druck, finanzielle, soziale, wirtschaftliche oder politische Ziele zu erreichen, steht im starken Kontrast zu den anderen persönlichen Beziehungen in unserer Gesellschaft: der zwischen Ehepartner*innen, zwischen Eltern und Kind, Bürgerin und Staat, Arbeitgeberin und Arbeitnehmer. In ihrer sogenannten Nutzlosigkeit haben Freundschaften etwas Antikapitalistisches an sich, weil sie die utilitaristische Logik des kapitalistischen Systems weitestgehend unterlaufen. So existieren sie beispielsweise außerhalb normierter Zeit: Mit meinen Freund*innen feiere ich keinen Jahrestag, habe weder Rituale für erreichte Meilensteine noch Angst vor dem Ende unserer Beziehung. Nur selten denken wir an die Freiheit, die mit dieser Zeitlosigkeit einhergeht.

Meiner Erfahrung nach sind Freundschaften die einzigen Beziehungen, die nicht ohne Liebe bestehen können. Wenn die Liebe zwischen Freund*innen schwindet, bedeutet das meistens ihr Ende. Dann werden die Abstände von Treffen zu Treffen, von Anruf zu Anruf größer, der nächste Urlaub wird nicht mehr gemeinsam geplant, das einst aufwendig selbstgebastelte Geschenk weicht einem Gutschein, später einer SMS. Bei romantischen und familiären Beziehungen sieht das anders aus, da ist das institutionelle Gerüst so stark, dass die Verbindung oft Jahre oder sogar ein Leben lang erhalten bleibt, auch wenn sie innen längst ausgehöhlt ist. Diese Formen der Beziehung ziehen ihre Daseinsberechtigung eben nicht allein aus den Gefühlen, die die Bindung bei den Beteiligten hervorruft, sondern berufen sich ständig auf eine externe Logik. Fern dieser äußerlichen Erwartungshaltung kann die Freundschaft blühen und gedeihen, wie es ihr gefällt. Wir sollten die Kreativität und Freiheit, die aus dieser Unsichtbarkeit resultiert, unendlich auskosten und gestalten.

BEGEHREN

Ich habe mich erst spät mit meinem eigenen Begehren verbinden können, die längste Zeit war ich in einem Zustand paralysierender Schuld und Scham gefangen. Ich weiß nicht, ob es am sexuellen Missbrauch in meiner Kindheit oder an meiner generellen Sozialisation als Frau lag, wahrscheinlich an einer Mischung aus beidem. Ungeachtet meines persönlichen Lebenslaufs aber ist mein beschwerlicher Zugang zu meinem Begehren keine Ausnahme. Die weibliche Sexualität wurde über Jahrhunderte hinweg derart gewaltsam unterdrückt, dass Schuld- und Schamgefühle in Verbindung mit sexueller Lust und Begehren bei Frauen heute eher die Norm sind.

Die Lust der Frau verbreitet, befeuert von mythologischen Amazonen, Sphinxen und Sirenen, schon seit der Antike Angst und Schrecken – zumindest solange sie nicht von einem Mann kontrolliert wird. Und vielleicht war diese Dämonisierung aus paternalistischer Perspektive auch richtig so, denn »für die Frau, die sich vor der Selbstoffenbarung nicht fürchtet, [...] kann die Erotik eine Quelle erfüllender und kämpferischer Kraft sein«, sagt zumindest Audre Lorde in *Sister Outsider*. Die meisten Frauen aber fürchten sich. Nicht unbedingt vor der Selbstoffenbarung, so weit kommen wir oft erst gar nicht. Denn davor liegt ein Minenfeld der moralistischen und sexistischen Beschämungsoffensive, die seit Jahrhunderten gegen uns gefahren wird. Die Scham ist im patriarchalen Unterdrückungskampf eines der wichtigsten Instrumente gewesen und ist es noch. Sie trifft die pubertierenden Körper junger Mädchen, die alternden von Frauen nach der Menopause, unser wunderschönes Geschlechtsorgan, das in Biologiebüchern zu einem hohlen Rohr mutiert, und all die Flüssigkeiten, die es produziert, unsere Bedürfnisse und Vorlieben, unsere Grenzen. Nirgends ist der weibliche Körper mit all seinen wertvollen Instinkten und Bedürfnissen vor Scham und Beschämung sicher.

Die Furcht vor der weiblichen Selbstoffenbarung, wie Audre Lorde sie nennt, ist so groß, dass Männer sich selbst als essenziellen Bezugspunkt in die Beziehung zwischen Frauen und ihre Lust geschoben haben: Ohne den Mann kein Begehren, ohne Begehren kein Kampf, ohne Kampf keine Bedrohung für die Stellung des Mannes. Sigmund Freud hat seinen Teil zu dieser Gleichung beigetragen, denn für ihn begehren Männer Frauen, und Frauen begehren es, von Männern begehrt zu werden. So werden wir in eine passive Stellung gedrängt, in der unsere Lust nicht nur der männlichen untergeordnet, sondern von ihr abhängig gemacht wird.

Dabei wäre ein ehrlicher Umgang mit sexueller Lust so wichtig für die Entwicklung und Heilung Einzelner. Die Lust ist ein unberechenbares, sich der Vernunft entziehendes Phänomen, das, von Scham und Schuld in die Dunkelheit gedrängt, großen Schaden anrichten kann. Manchmal, nicht oft, kam es vor, dass ich als Kind während einer Vergewaltigung Lust empfand. Man geht davon aus, dass die Erfahrungen von Kindern mit sexuellem Missbrauch ausschließlich von Angst und Schmerz geprägt sind, und obwohl dies für viele Kinder zutrifft, ist die Realität sexueller Gewalt komplexer. Angst,

Schmerz, Apathie, Scham, Schuld und Lust können nebeneinander bestehen. Mit sechs oder sieben Jahren verstand ich nicht, was da mit mir geschah, aber die Schamgefühle, die sich aus dieser Ambivalenz ergaben, verankerten tief in mir die Überzeugung, mitverantwortlich für die Vergewaltigungen meines Kinderkörpers zu sein. Spürte ich in späteren Jahren Lust, war sie untrennbar an das Gefühl quälender Schuld gekoppelt. Über diesen Aspekt von sexuellen Traumata wird nie gesprochen, weil er mit dem »reinen«, eindimensionalen Opferdiskurs unserer Gesellschaft zu brechen droht.

Zuflucht fanden ich und mein beschämter Körper in den Armen meiner Freundinnen. In der Sicherheit unserer Kinderzimmer, Pausenhöfe und Sporthallen konnten wir uns einander unbeschwert annähern. Und es gab ja auch niemanden, die mir näher gewesen wäre: Wir teilten Alter, Gender, Lebenserfahrungen und oft auch Träume und Wünsche. Als Kind wurden diese Freundschaften neben den Beziehungen zu meiner Mutter und meinen Schwestern zu meinem Hafen. Hier konnte ich lieben, spielerisch und zärtlich sein, eigene und fremde Grenzen austesten, ohne auf die Realität meines Körpers zurückgeworfen zu werden. Auch heute noch schätze ich Beziehungen, in denen klar etabliert ist, dass kein körperliches Begehren existiert und ich deshalb weder in eine Schutzhaltung noch in eine performative Haltung treten muss. Für mich resultiert daraus eine große Gelassenheit, weil wir uns so von der Kapitalisierung unserer Körper und von Machtdynamiken, die aus sexuellen Beziehungen möglicherweise erwachsen, lossagen können. Die Schönheit der körperlichen Nähe kann in Freundschaften jenseits von Sex ausgelebt und genossen werden.

Doch was wäre, wenn zwei oder mehrere befreundete Personen auch sexuelle Nähe in ihre Beziehung aufnehmen wollten? Würde das ihre Beziehung unweigerlich aus der Sphäre des Freundschaftlichen katapultieren? Unsere Gesellschaft hat sehr klare Vorstellungen davon, was eine Freundschaft ist und was nicht, wo sie beginnt und wo sie endet. Sexuelle Anziehung hat in platonischen Beziehungen dieser Logik zufolge keinen Platz. In einer heteronormativen Welt lautet das Klischee sogar, Männer und Frauen könnten nicht befreundet sein. Was bedeutet das für queere Menschen, deren Begehren durchlässiger ist und nicht eingeschränkt wird von Gendernormen? Gibt es für uns keine Hoffnung auf Freundschaft? Ich habe als Teenager viele meiner Freundinnen begehrt, nur wusste ich das damals nicht richtig zu deuten. Wenn überhaupt, fühlte ich eine Mischung aus Verwirrung und Unbehagen. Rückblickend ist das alles wenig überraschend, da doch weder in Büchern, Songs oder Filmen noch in meinem eigenen Umfeld diese Art des Begehrens – sowohl lesbisches Begehren als auch körperlose Liebe zwischen Freundinnen – erkennbar inszeniert wurde und mir als Vorlage hätte dienen können. Mein junges, verletztes Selbst erlaubte sich kaum, Begehren zu spüren, ganz besonders nicht außerhalb der klar kommunizierten gesellschaftlichen Norm. Stattdessen verdrängte ich die mir bis dahin fremden, verwirrenden Gefühle und sah hilflos dabei zu, wie sie in Form von Eifersucht, Reizbarkeit und besitzergreifendem Verhalten meine Beziehungen erstickten.

Wir halten manchmal unsere Freundschaften in Schach und erlauben ihnen nicht, sich zu ihrem vollen Potenzial zu entfalten, weil wir uns vor bestimmten Grenzüberschreitungen fürchten. Dabei ist es wichtig, Raum zu schaffen für die eigenen Gefühle. Sexuelle Anziehung muss nicht zwangsläufig befriedigt werden. Die meiste sexuelle Attraktion, die von Menschen auf der Welt empfunden wird, läuft ins Leere – oder manifestiert sich folgenlos in Tagträumen oder Sexfantasien. Begehren in Freundschaften muss also kein Tabu sein. Es muss nicht beschämt verdrängt werden, nur weil es nicht »konsumiert« werden wird. Manchmal steht es einfach eine Weile im Raum und geht dann wieder, oder es verändert sich, wird zu etwas Anderem, etwas Neuem.

SEHNSUCHT

Wobei ich in Freundschaften keine Kompromisse eingehe, ist bei der Nähe im Geiste. Nur wen ich klar sehen kann, wer mich sieht, wird in meinem Leben diese so kostbare Rolle einer Freund*in einnehmen können. Wenn ich Toni Morrisons *Menschenkind* lese, schnürt sich mein Hals zusammen, denn ich verstehe genau, was sie meint: »Sie sammelt mich zusammen, Mann. Die Stücke, aus denen ich bestehe, die sammelt sie zusammen und gibt sie mir in der richtigen Reihenfolge zurück. So was ist gut, weißt du, wenn du eine Frau hast, die deiner Seele gut ist.«

»Eine Frau, die meiner Seele gut ist« – diese Freundin ist für mich Zelie. Zelie weiß wie keine andere Person, was ich lesen, mit welchen Gedanken ich meinen Kopf füllen möchte. Sie verkörpert für mich einen tiefen, wandelnden Brunnen, der randvoll ist mit wertvollem Wissen über die menschliche Psyche, über Emotionen, gesunde Ernährung und Astrologie.

Sie versteht mich intuitiv und befreit mich so von dem Zwang, mich erklären zu müssen, um Empathie und Verständnis zu gewinnen. Zelie trägt oft ein breites, ansteckendes Lächeln auf ihrem kleinen, zarten Gesicht, doch dahinter liegt immer auch ein bisschen Traurigkeit. Und es ist diese Traurigkeit, die mich so berührt, weil ich mich darin wiederfinde. Wir lernten uns in einer Stadt kennen, in der wir beide fremd waren und uns auch so fühlten. Inmitten all der Kälte und des Heimwehs wurde unsere Freundschaft zu einer kleinen Insel der Vertrautheit. Nach kurzer Zeit sehnte ich mich nach mehr Nähe und Zeit mit ihr, doch Zelie ist die Art von Person, die nie ans Telefon geht und eine SMS tagelang unbeantwortet lässt, die Pläne oft grundlos absagt oder vergisst, dass wir verabredet waren. Sie behält die Kontrolle über die Kommunikation, welche ihr schnell zu viel wird. Zelie ist eine Einzelgängerin, die gerne in der Bequemlichkeit und Kompromisslosigkeit ihrer Einsamkeit ruht. Manchmal erinnert sie mich an einen Fisch, der sich einem im flachen Gewässer zielstrebig und geschickt nähert, um freundschaftlich an einem zu nibbeln, bis man versucht, nach ihm zu greifen – dann gleitet sie einem zwischen den Händen hindurch.

Ich liebe Zelie. Nicht romantisch, nicht körperlich, ich liebe ihren Geist und was er mit meinem macht. Die anfänglichen Zweifel ob dieser mir bis dahin unbekannten Form der Liebe sind mit der Zeit gewichen. Fragen nach Intensität, Kontrolle, Symmetrie, Erwartung oder Reziprozität, die mir anfangs noch so wichtig und gleichzeitig nur schwer zu fassen schienen, verschwanden. Die gemeinsam verbrachte Zeit machte Zelie genauso glücklich wie mich, sie verwendete nur eine andere Sprache für ihre Zuneigung: Für sie gelten Beständigkeit, Ehrlichkeit und Raum, ganz viel Raum, während ich von impulsiven, leidenschaftlichen Gesten geleitet werde. Unsere Wesen könnten unterschiedlicher nicht sein, und daher wusste ich lange Zeit nicht, was mein Bedürfnis nach mehr Nähe bei ihr auslösen würde, also hielt ich mich zurück, war geduldig und verständnisvoll. Doch Geduld ist keine Stärke von mir. Ich kann den Raum zwischen Wunsch und Erfüllung, zwischen Worten und Taten, zwischen Gedanken und Bewegung nur schlecht aushalten. Das Warten fühlt sich an wie ein Tod auf Zeit, dieser Moment, in dem man nicht fühlen darf. Und so nagt die Anpassung an Zelies gedrosseltes soziales Tempo mit den Jahren immer wieder an mir. Zelie zeigt sich nicht völlig, ein Teil von ihr bleibt immer versteckt. Vergeblich versuche ich, vorgelassen zu werden in die Tiefen ihrer inneren Welt. Oft überlege ich, offen über meine wachsende Frustration zu sprechen, doch die Angst vor Zurückweisung ist zu groß. Eine Paarbeziehung hält Konflikte aus, erwartet sie sogar, da ist dann von einer »gesunden Streitkultur« die Rede, die als beziehungserhaltend gilt. Doch die Beziehung zu Zelie ist anders, ich weiß nicht, ob sie eine Auseinandersetzung überleben würde.

Wir sprechen nicht über den Schmerz, der entsteht, wenn Menschen unterschiedliche Erwartungen und Grade der Bereitschaft an Freundschaften stellen. Überhaupt fehlt uns in Dingen freundschaftlicher Liebe ganz viel Vokabular. Niemand etabliert zu Beginn einer Freundschaft in einem ritualisierten Gespräch einen emotionalen Rahmen, ein Label oder Spielregeln. Es gilt noch immer die Vorstellung, dass Freundschaften organisch entstehen, dass sie *einfach* sind. Nicht einfach im Sinne von schlicht, sondern von unkompliziert, pflegeleicht. Die meisten Freundschaften basieren auf einer Gegenseitigkeitsvermutung, die ihrerseits auf einem idealistischen Beziehungsprofil fußt: Freundschaften überstehen Zeit und Entfernung, unsere Freund*innen wissen alles von uns und wir von ihnen, wir schulden einander alles und befinden uns grundsätzlich in einer perfekten Balance des Gebens und Nehmens. Die Gegenseitigkeit aber ist der Freundschaft nicht inhärent, sondern muss mit der Zeit und in vielen Gesprächen erarbeitet werden. Wenn wir von einer Gegenseitigkeit ausgehen, sind Enttäuschungen vorprogrammiert.

Auf die »Arbeit« in und an romantischen Beziehungen haben wir uns mittlerweile verständigt. Aber die meisten von uns gehen nach wie vor davon aus, dass emotionale Arbeit in Freundschaften unnötig sei. Wer sich nicht wortlos versteht, gehört vielleicht nicht zusammen. So verderben viele Bindungen. Jede Beziehung verlangt emotionale Arbeit, auch die unter Kolleg*innen, Nachbar*innen oder Mitbewohner*innen. Von dem Moment, an dem Menschen miteinander interagieren, entstehen auf allen Seiten Erwartungen, Bedürfnisse, Frustrationen und Unsicherheiten. Den Umgang damit – ob transparent oder nicht, kollektiv oder nicht – nennen wir emotionale Arbeit. Auch Freundschaften brauchen und verdienen Aufmerksamkeit, Fürsorge und manchmal eben Arbeit.

EIFERSUCHT

Ein Großteil der emotionalen Arbeit, die wir in Beziehungen leisten, hat mit unserem Umgang mit Eifersucht zu tun. Ich kenne dieses beißende Ungeheuer, das irgendwo in meinem Zwerchfell sitzt und dort sein Gift versprüht, aus meiner Kindheit. Bevor ich in Liebesbeziehungen eifersüchtig war, war ich es auf meine kleine Schwester. Eifersucht drückt die tiefsitzende Angst aus, bedeutungslos zu werden. Als meine vier Jahre jüngere Schwester heranwuchs, fühlte ich mich wie ein Auslaufmodell. Panisch beobachtete ich, wie sie allmählich zu einer besseren Version von mir heranwuchs: hübscher, zarter, fleißiger. Je älter sie wurde, desto mehr sah ich mich selbst verschwinden. Diese Angst wurde irgendwann so stark, dass sie in ein Gefühl von Sterblichkeit kippte. Vielleicht würde ich am Ende – wenn es nichts mehr nachzuholen gab und wir beide erwachsen waren – einfach sterben. Meine Eifersucht verschwand allmählich, als ich mit unendlicher Erleichterung feststellte, dass wir doch zwei unterschiedliche Menschen waren.

Die kindliche Angst davor, zu verschwinden und ersetzt zu werden, habe ich in der Pubertät in Freundschaften erfahren, sobald eine dritte Person mir die Aufmerksamkeit einer Freundin streitig machte. Es quälte mich fürchterlich, wenn meine Freundinnen Beziehungen unabhängig von mir entwickelten, wenn jemand anderes als ich der Quell freundschaftlicher Liebe sein durfte. Mit der Zeit verstand ich, dass Eifersucht in Freundschaften gesellschaftlich nicht akzeptiert ist. Viele fühlen es, aber wir lernen alle früh, dass niemand Anspruch hat auf die Exklusivität, die in den meisten romantischen Beziehungen so selbstverständlich ist. Stattdessen müssen wir irgendwann akzeptieren, dass die Liebe, die unsere Freundin für uns empfindet, unabhängig ist von der Liebe, die sie für andere Freund*innen spürt. Wenn wir zu dieser Lektion nur in allen Bereichen der Liebe fähig wären.

Neid und Eifersucht sind menschliche Emotionen, für die wir uns schämen, die in unserer Gesellschaft aber ständig gefördert werden, denn der Kapitalismus lebt von Vergleich und Wettbewerb. Könnten wir uns von Scham und Schuld befreien, würden uns diese Emotionen wichtige Botschaften mitteilen über das, wovon wir im Verborgenen träumen, was wir uns insgeheim wünschen, uns aber nicht zugestehen. Neid ist der böse Zwilling eines unerfüllten Wunsches. Eifersucht und Neid wurzeln beide in dem Glauben, dass es nicht genug Glück auf der Erde gibt, dass es sich um eine knappe Ressource handelt, die, anstatt endlos generiert werden zu können, unweigerlich schwindet. Ein eifersüchtiger Mensch hat Angst, diejenigen zu verlieren, die er liebt, ein neidischer Mensch will haben, was andere besitzen. Erst wenn wir erkennen, dass mehr als genug für alle da ist, können wir uns vor den harten Krallen des kapitalistischen Knappheitsmythos befreien. Unsere Fähigkeit, uns über das Glück der anderen zu freuen, zeigt uns, wie bereit wir für das eigene Glück sind.

Freundschaften erlauben es uns, gemeinsam zu wachsen, ohne mit der anderen Person zu verschmelzen. Gleichzeitig können wir uns getrennt voneinander entwickeln, ohne uns auseinanderzuleben. Unsere Unvollkommenheit mag schneller zutage treten, und trotzdem fühlen wir uns entspannt. Wir müssen uns unsere Freund*innen nicht schönreden und können ihre Fehler und Schwächen leicht mittragen. Denn so sind wir eben, unvollkommen. Kinder gehen mit der Unvollkommenheit ihrer Mitmenschen viel besser um als Erwachsene, weil sie noch keine Vorstellung von der »Perfektion« haben, die uns von der Gesellschaft auferlegt wird. Vielleicht sind Kinderfreundschaften deshalb oft so intensiv und bedingungslos, und vielleicht hegen die meisten von uns auch deshalb solch nostalgische Gefühle für unsere ersten Freundschaften. Die Freundschaften, die wir im Erwachsenenalter schließen, können natürlich ebenfalls intensiv sein, doch sie sind meiner Erfahrung nach viel konditionaler und schwieriger zu finden. Deshalb schätze ich mich so unendlich glücklich, selbst als Erwachsene einige verwandte Seelen gefunden zu haben. Sie sind eine der wichtigsten Quellen der Liebe in meinem Leben, wertvoller als jeder materielle Reichtum. »Meine Freunde sind mein Kapital«, schreibt Emily Dickinson 1858 in einem Brief an ihren guten Freund Samuel Bowles. Wie wahr, wie gut.

SCHMERZ

Nicht alle meiner freundschaftlichen Liebesbeziehungen bestehen bis heute fort, einige haben das Leben nicht überdauert. Es wundert mich immer wieder, wie wenig Raum diesen tragischen Brüchen gegeben wird, wo doch das Ende von romantischen Liebesgeschichten in Literatur, Film, Musik und Popkultur ständig Thema ist. Liebeskummer in Freundschaften wird selten ernst genommen. Als wären die Gefühle, die Freund*innen binden, nicht tief und dringend genug, als wären sie nicht real. Der Trennungsschmerz in Freundschaften hat nicht den gleichen Stellenwert wie das Leiden in romantischen Beziehungen, weil es keinen Besitzanspruch auf den Körper oder die Lebensplanung der anderen Person gibt. In einer Gesellschaft, die von Produktivität und Akkumulation besessen ist, hat das Leiden ohne den Verlust von Eigentum, Zukunftsvision oder möglicher Reproduktion nicht die gleiche Legitimität.

Die größten verlorenen Lieben meines Lebens waren Freundinnen. Der Trauerprozess hielt jedes Mal mehrere Jahre an, den Schmerz und die Orientierungslosigkeit, welche diese Verluste in mir auslösten, aber behielt ich für mich. Meine Trauer fühlte sich bizarr, affektiert, sogar selbstbezogen an. Wir haben grundsätzlich wenig Empathie für entzweite, trauernde Freund*innen. Schnell kommt die peinlich berührte Aufforderung, alles möglichst unauffällig hinter sich zu lassen, als wären Freundschaften austauschbare Beziehungen, die, wenn sie einmal zu Ende gehen, spurlos aus unserem Leben verschwinden. Als hätte nicht jede dieser Freund*innen einen absolut einzigartigen, unersetzlichen Abdruck in meinem Leben hinterlassen. Anaïs Nin schreibt in ihren Tagebüchern über die neuen Welten, die ihre Freund*innen in ihr freisetzen: »Jeder Freund repräsentiert eine Welt in uns, eine Welt, die es ohne sein Erscheinen nie gegeben hätte, und so wird erst durch diese Begegnung eine neue Welt geboren.« Mit dem Ende einer Freundschaft endet eine Welt. Aus solch apokalyptischen Brüchen herauszukommen, ist nahezu unmöglich ohne die Fürsorge und Unterstützung der verbliebenen Freund*innen.

Wir lernen alle früh, dass wir unter keinen Umständen »unser Gesicht verlieren dürfen«. Eine euphemistische Metapher, hinter der sich doch nur das kollektive Unbehagen angesichts nonkonformen Verhaltens versteckt. Leider sorgen Schmerzen und emotionale Ausnahmezustände aber selbst in den engsten Beziehungen für Anspannung und Beklemmung. Sie machen uns Angst, weil sie uns an die eigene Verletzlichkeit und Ohnmacht erinnern, wo wir doch ständig ermahnt werden, ja zu funktionieren und keine Schwäche zu zeigen. Ein gutes Leben zeige sich in einem homogenen, unerschütterlichen Zustand des ruhigen, latenten Glücks. Das Ideal dieses Zustands ist eine der großen Lügen des kapitalistischen Systems, das keine Irritationen duldet und uns deshalb konstant unter Druck setzt, unsere Emotionen zu regulieren. Lange habe ich nach dem ruhigen Glück gesucht, obwohl ich mich vor allem in den turbulenten Tiefen lebendig fühle. Die Intensität und Kostbarkeit des Lebens erfahren wir nicht nur in der gezähmten Zufriedenheit, sondern auch in der Traurigkeit, in der Wut und Verzweiflung, wenngleich diese Zustände so viel schwerer zu ertragen sind. Die Menschen, die mir während schwieriger Phasen meines Lebens am meisten geholfen haben, waren diejenigen, die meinen Schmerz einfach begleitet haben, ihn nicht mit klugen Ratschlägen, Lösungsansätzen oder Heilmitteln zu lindern versuchten. Es waren diejenigen, die in Momenten der Verzweiflung mit mir schweigen konnten, die bei mir geblieben sind und ertrugen, dass weder ich noch sie wussten, wie, wann oder ob es besser werden würde. Sie haben sich der Realität meiner Ohnmacht gestellt, also konnte ich es auch.

In den Beziehungen, die unproduktive Zustände und Emotionen aushalten und zulassen, können wir Kraft schöpfen. Für mich macht das den Großteil der emotionalen Arbeit, der Fürsorge und Pflege aus, die wir uns untereinander neben logistischer oder finanzieller Hilfe zukommen lassen können. Unsere Leistungsgesellschaft hat uns höchstens beigebracht, uns gegenseitig zu coachen, um unter allen Umständen produktiv zu bleiben. Wir haben gelernt, uns vor unproduktiven Zuständen zu fürchten, vor Elternzeit, Arbeitslosigkeit, der Rente, selbst ein Sabbatical macht die Kolleg*innen unruhig. Lieber schicken wir unsere Freund*innen in die Therapie oder ins Yoga-Retreat, nicht damit sie heilen, sondern damit sie möglichst schnell wieder funktionieren. Aber diese Art des Coachings hat wenig mit Fürsorge zu tun. Wahre Heilung ist für den Kapitalismus gefährlich, denn sie kann dazu führen, dass wir nicht mehr den Drang verspüren, produktiv zu sein. Wer weiß, am Ende ermutigen wir uns sogar gegenseitig in dem Glauben, jenseits von Produktivität existieren zu dürfen.

Wenn wir über emotionale Arbeit sprechen wollen, müssen wir auch über die Zustände reden, die sie bedingen. Wenn es uns immer gut ginge, wären Fürsorge und Unterstützung überflüssig. Ohne Trauer, Depressionen, Schmerz, Schwäche, Verwundbarkeit, Krankheit, Sucht und Trauma gäbe es keinen Bedarf nach ihnen. Aber diese Aspekte sind nun einmal Teil unseres Lebens, sie sitzen in den überfüllten Warteräumen von Tageskliniken, warten unendlich auf Therapieplätze, manifestieren sich in einer Pandemie der Ess-, Angst- und Schlafstörungen. Als Gesellschaft brauchen wir Fürsorge und Unterstützung, deshalb wäre es an der Zeit, ihnen strukturell mehr Wichtigkeit einzuräumen und mit dem Stigma, der Schuld und Scham rund um mentales und emotionales Unwohlsein zu brechen. Diese emotionalen Zustände mögen als lästige, unglückliche Phasen behandelt werden, aber sie sind essenziell für unsere Regenerationsfähigkeit. Sie können unbewusste Wege sein, gegen die Anforderungen und Schrecken unserer

Welt zu protestieren. Weder Körper noch Geist sind Maschinen, sie brauchen Momente der Stille, um wieder zu sich zu finden. Wenn es uns gelingen würde, nicht nur Erfolg, Leichtigkeit und Glück anzunehmen und zu zelebrieren, sondern auch ihre Pendants, Scheitern, Schwere und Traurigkeit, würden wir uns und anderen eine sehr viel entspanntere Existenz ermöglichen. Nicht sehr viel glücklicher vielleicht, aber wie gesagt, ich halte das ruhige Glück am Ende eines harten Lebens für ein falsches Versprechen. Wir müssen Wege finden, um Schmerz und Trauer in unser Leben zu inkorporieren, anstatt immer wieder zu versuchen, die schmerzhaften Erfahrungen aus uns herauszuschneiden. Wer vor dem Schmerz wegrennt, rennt auch vor der Heilung weg: »Die Heilung des Schmerzes liegt im Schmerz«, so Rumi.

NEST

Als mein zweites Kind zur Welt kam, haben wir einen Monat zu zweit im Krankenhaus verbracht. Ich konnte mich nicht mehr um mein dreijähriges Kind kümmern, das zu Hause bei seinem Vater geblieben war. Nach einem beängstigenden und brutalen Notkaiserschnitt war ich emotional und körperlich in einem schlechten Zustand. Ich hätte tagelang im Bett verbringen sollen, mindestens die erste Woche nach der Geburt. Stattdessen saß ich den ganzen Tag auf einem harten Hocker, beide Arme so tief wie nur möglich in die Löcher des Inkubators gestreckt, wo meine Finger sanft auf dem winzigen Körper meines Babys lagen. Es war, als gehörten diese streichelnden Hände und das kämpfende kleine Wesen zu einer anderen

Welt, verbannt unter eine Glashaube. Ohne Unterbrechung sang ich ihm Lieder, damit es meine Präsenz und meine Stimme, an die es sich in meinem Bauch gewöhnt hatte, wahrnehmen konnte. Doch meine Lieder waren nicht nur für mein Kind, sie waren auch für mich, waren mein sanftes Gebet gegen die unvorstellbaren Gedanken in meinem Kopf. Es gelang nicht immer, und oft verpasste ich die Essenszeiten der Krankenhausmensa, weil ich so in Sorgen versunken war. Meine Mutter, meine ältere Schwester und meine Schwiegermutter sprangen ein und halfen meinem damaligen Partner zu Hause. Sie brachten mir Croissants aus der Kiezbäckerei, Gemüsequiche und karibische Reisgerichte, die meine Mutter zubereitet hatte und die neben dem grauen Essen des Krankenhauses noch köstlicher schmeckten als sonst. Sowohl meine Mutter als auch meine Schwester konnten damals beide nicht länger als eine Woche bleiben, sodass in der Versorgungskette Lücken entstanden. Ich war damals mit dem Vater meiner Kinder verheiratet, die Annahme war also, dass die gesamte Fürsorge und Unterstützung aus dem Schoß unserer Ehe kommen sollte – das heißt von ihm. Das Konstrukt der monogamen Paarbeziehung verhindert breitere Unterstützungsnetze, weil davon ausgegangen wird, dass das Paar und die Kernfamilie eine unendliche Quelle an Care bilden. Im Nachhinein bin ich mir ziemlich sicher, dass ich heute in der gleichen Situation mehr Unterstützung von meinem Umfeld erhalten würde, allein aufgrund der Tatsache, dass ich weder verheiratet bin noch in einer Paarbeziehung lebe.

Das gespiegelte Szenario, das meine These bestätigt, spielte sich vor ein paar Jahren ab, als meine Freundin Marta und ihre achtjährige Tochter Malaika gezwungen waren, mehrere Wochen im Krankenhaus zu verbringen. Marta ist eine alleinerziehende Mutter von drei Kindern, zwei davon sind mittlerweile erwachsen. Wenige Stunden nachdem wir in unserem Freundinnenkreis von ihrer Situation erfahren hatten, bildete sich ein festes und effizientes Unterstützungssystem. Marta und Malaika bekamen revitalisierende Gesichtscremes und ätherische Öle, hausgemachtes Essen, selbstgestrickte Strümpfe, Bücher, Playlisten, Glücksbringer und gebastelte Karten. Wir hatten einen aktiven Gruppenchat, in dem wir alles selbstständig koordinierten, ohne dass Marta sich um die Logistik hätte kümmern müssen. Sehr wahrscheinlich wäre diese Anteilnahme und Aufmerksamkeit nicht im selben Ausmaß verfügbar gewesen, hätte sich Marta in einer festen Partnerschaft befunden. Wir Freundinnen wussten, dass uns die Verantwortung der Fürsorge zustand, weil Marta keine »Hauptquelle« der Unterstützung hatte. Manchmal ist die Einsamkeit in Paarbeziehungen tatsächlich größer, als wenn man Single ist.

Unsere emotionale Welt kann sich nicht allein um ein oder zwei Menschen drehen. Ein oder zwei Menschen können nicht all unsere komplexen Überlebensbedürfnisse befriedigen, seien sie emotional, seelisch, physisch oder materiell. Bestimmte Beziehungen auf einen Sockel zu stellen erhöht den Druck auf diese Beziehungen und macht sie mittel- und langfristig fragil. Unser Wohlbefinden kann nur dann nachhaltig gewährleistet werden, wenn wir in einem vielfältigen Ökosystem gleichwertiger Beziehungen eingebettet sind, wobei gleichwertig nicht identisch heißt. Denn jede Beziehung ist einzigartig und bringt unterschiedliche Stärken und Schwächen mit sich. Die Ausgeglichenheit jeder einzelnen Bindung hängt dabei von der Qualität der zahlreichen anderen Bindungen ab, die jeder Mensch pflegt. Ich meine, je dezentraler unsere Liebe ist, desto gesünder kann jede einzelne Bindung sein. Die Idee, dass die Kraft in der Vielfalt liegt, ist nicht nur ein politisches, sondern auch ein biologisches Prinzip. Ein vielfältiges Ökosystem ist ein widerstandsfähiges und starkes System, dessen Stärke primär in seiner Anpassungsfähigkeit und Wandelbarkeit liegt – ein Netz aus verschiedenen Kooperationen zwischen und innerhalb gleichberechtigter Arten. Alle Arten werden benötigt, um das Gleichgewicht aufrechtzuerhalten, und alle sind aufeinander angewiesen. Das Überleben unserer Spezies war bisher von solchen Ökosystemen abhängig.

Vor einigen Jahren wollten meine Freundin Rebecca und ihre Frau Desita ein Wohnprojekt gründen. Der Wunsch war, dass mehrere Menschen unterschiedlicher Generationen und Herkünfte, die nicht unbedingt befreundet waren, zusammenleben würden. Ich war begeistert von der Idee und wollte sofort Teil davon sein. Doch nach kürzester Zeit stieg ich wieder aus dem Projekt aus, denn zwischen der Praxis und der Theorie lagen Welten. Die neue Wohngemeinschaft verlangte unglaublich viel Arbeit, viele Absprachen, viele Kompromisse und barg schließlich viel Frust- und Konfliktpotenzial. Ich beschränkte mich darauf, die Entwicklung des Projektes neugierig von außen zu beobachten, und bemerkte neben der scheinbar stetig ansteigenden Arbeit und Anspannungen auch eine stetig wachsende Liebe innerhalb der Gruppe. Hier wuchs eine neue Gemeinschaft heran, zusammengehalten von gegenseitiger Fürsorge und geteilter Verantwortung. Ich habe das Glück, dank meiner engen Freundschaft zu mehreren Mitgliedern des Projekts an dieser Gemeinschaft teilhaben zu dürfen, und ich spüre, wie diese Nähe in mir das Bedürfnis weckt, meine eigene, bereits vorhandene Community mit zusätzlicher Aufmerksamkeit und Absicht zu pflegen.

Freundschaften und Gemeinschaften gewinnen in städtischen Kontexten zunehmend an Wichtigkeit, weil die Bewohner*innen dieser dichten, schnellen, oft unterversorgten Ballungsräume in der Abwesenheit von familiären Netzwerken für die tägliche Unterstützung auf Freundschaften angewiesen sind. Das traditionelle Kernfamilienmodell entspricht den Bedürfnissen und Aspirationen vieler Menschen nicht mehr, sei es aus persönlicher Überzeugung oder aus Desillusion und Zynismus über die Lage unserer Welt. Vielen von uns bieten Freundschaften das einzig verlässliche Sicherheitsnetz, vor allem im Alter. Diese Perspektive allerdings würde die vorhin so gepriesene antikapitalistische »Nutzlosigkeit« von Freundschaft relativieren. Können Freundschaften dem kapitalistischen Druck in Zeiten des zunehmenden Hyperindividualismus standhalten? Und wie können wir den gesellschaftlichen Stellenwert der Freundschaft erhöhen, ohne aus ihr eine weitere transaktionelle Beziehung zu machen?

Meine Mutter brachte mir bei, was ihr Vater einst ihr beibrachte: »Wenn du gibst, vergiss, dass du gegeben hast, und wenn du empfängst, vergiss es niemals.« Im Kapitalismus lernen wir das Gegenteil: In der Logik transaktionellen Austausches setzt jedes Geben ein Nehmen voraus, und umgekehrt. Ich kratze dir den Rücken, wenn du mir meinen kratzt. Wir geben und nehmen in der Erwartung, etwas zurückzubekommen oder zurückgeben zu müssen, darauf basiert unsere Vorstellung von Gleichgewicht. Doch immer wieder geschieht es, dass ich einer Freundin etwas gebe, was sie mir nicht in gleichem Maße zurückgibt. Stattdessen bekomme ich von einer anderen Person etwas anderes. Und diese Person wiederum erhält auch von mir nicht genau das, was sie mir gab, sondern kriegt es eventuell von einer dritten Person. Oft genug unterschätzen wir diese Art von positivem Kreislauf – oder kosmischer Balance, wie ich sie gerne nenne. Wenn wir jemandem unsere Unterstützung, unser Mitgefühl oder unsere Fürsorge schenken, erwarten wir meistens eine Gegenleistung. Wir hoffen, dass wir das Äquivalent dessen, was wir geben, auch selbst erhalten. Im Grunde besteht unser Netzwerk an sozialen Interaktionen aus lauter Strecken: In der Geometrie ist eine Strecke eine Linie, die zwei Punkte verbindet. Streng genommen können wir dabei gar nicht von einem Netzwerk sprechen; setzt man ein Individuum in die Mitte, gehen von ihm lediglich mehr oder weniger viele Geraden ab, die alle auf einen Endpunkt, nicht auf eine weiterführende Synapse hinauslaufen. Wir sind so gesehen nicht Teil eines endlosen Netzwerks, sondern Zentrum eines kleinen Sterns.

Als Paar oder Familie neigen wir dazu, vor allem diejenigen zu lieben und zu unterstützen, die uns am nächsten sind. Wachsam achten wir darauf, was uns in dieser überschaubaren Sphäre zurückgegeben wird. Aber blendet das nicht andere wichtige Interaktionen aus? Was geschieht außerhalb unseres persönlichen Sterns? Wir sollten uns befreien von dieser rigiden Gegenseitigkeit, dann könnten wir großzügiger geben und schuldfreier nehmen und gemeinsam eine zirkuläre Energie in einem viel größeren als unserem bisherigen Netzwerk schaffen. Dazu müssen wir nur lernen, menschliche Interaktionen nicht als geschlossene Transaktionen, sondern als organisches System zu betrachten.

NATUR UND TIERE LIEBEN

> Trauer, habe ich gelernt, ist eigentlich Liebe. All die Liebe, die man geben möchte, aber nicht geben kann. Diese unverbrauchte Liebe sammelt sich in den Augenwinkeln, im Kloß im Hals und im hohlen Teil der Brust. Trauer ist einfach nur Liebe, die nirgendwo hinkann.
>
> *Jamie Anderson*

Als mein Kind starb, begann ich meine Wohnung mit Pflanzen zu füllen. Der Verlust meines zweiten Kindes fühlte sich an, als müsste ich platzen. Vor Liebe. Da war ein absurd großer Überschuss an Fürsorge, Schutz und Zärtlichkeit, der unausgeschöpft blieb. Die fürsorgliche Energie, die sich in den letzten Monaten in mir eingenistet hatte, die bereit war für alle Aufgaben der Mutterschaft, steckte in mir fest und konnte nirgendwohin abfließen. Mein erstes Kind, das damals knapp drei Jahre alt war, fing einen Teil dieses Überschusses auf, aber es blieb so viel Liebe übrig. Es heißt, Liebe sei nicht quantifizierbar, aber ich habe sie damals ganz eindeutig gespürt, kiloschwer lastete sie ungenutzt auf mir.

Irgendwann brach ich aus meiner Starre aus und kaufte ein paar Pflanzen. Ich verbrachte ganze Nachmittage damit, sie zu pflegen, umzutopfen, den besten Platz in der Wohnung für sie zu suchen. Jede neue Knospe, jedes Blättchen bescherte mir Freude, stolz sah ich ihnen beim Wachsen zu. Ich schenkte diesen Pflanzen die Aufmerksamkeit, die ich meinem Baby gegeben hätte, sie schenkten mir Trost. Sieben Jahre später sind einige von ihnen so groß geworden, dass sie draußen in der Natur überleben würden. Jedes Mal, wenn ich nach einer längeren Reise zurückkehre, sehen sie schlechter aus als bei meiner Abfahrt, obwohl meine Nachbarin wöchentlich zum Gießen vorbeikommt. Ich glaube, sie vermissen mich, ich glaube, dass meine Präsenz in der Wohnung ihre natürliche Umgebung nachahmt. Die Vibration meiner Stimme ersetzt den Gesang der Vögel und die Geräusche der Insekten, die Luftwellen, die durch meine Bewegungen entstehen, erinnern sie an den Wind, und die Energien, die aus meinem Tun und Fühlen, meiner eigenen wechselhaften Stimmung und aus der Musik, die ich höre, entstehen, liefern ein in seiner Intensität zwar ärmeres, aber dennoch vielfältiges energetisches Umfeld. Bleibt all das aus, leiden sie. Und so lasse ich bei meiner Rückkehr meinen Koffer und meine Schuhe im Eingang stehen und stürze zu meinen Pflanzen. Besorgt pflücke ich ein paar braune Blätter aus dem Rot-Grün der Aglaonema heraus und wische den Staub von den großen glatten Blättern der Strelitzie. Ich wässere sie vorsichtig, räuchere sie sanft mit Palo Santo oder Salbei ein und spiele eine Playlist für sie ab. Meine Pflanzen geben mir viel, und ich mag mir vorstellen, dass ich ihr Geschenk erwidere.

Mit dem Tod meines Kindes hat sich für mich vieles verändert. Unter anderem mein Blick auf die Welt, ganz unmittelbar, nicht politisch oder ideologisch. Ich habe begonnen, die Flora um mich herum, die Bäume und Büsche in den gepflegten Parks und Grünstreifen der Stadt, aber auch die wilden Gräser und Blumen, das Unkraut, das sich weder von Beton noch Asphalt aufhalten lässt, anders zu betrachten. Bis zu diesem Moment hatte ich all die Pflanzen in Berlin kaum wahrgenommen, nur kurz im Frühling, wenn alles blühte, und im Herbst, wenn alles welkte, habe ich den Kopf gehoben und entweder die üppigen Baumkronen oder das nackte Geäst bemerkt. Jetzt lächele ich die Bäume das ganze Jahr über an, immer öfter mitleidig, im besten Falle aufmunternd. Im Winter spüre ich die Traurigkeit, die von einigen von ihnen ausgeht. Im Sommer leide ich mit, wenn selbst die Blätter großer Laubbäume, deren Wurzeln tief in die Erde reichen, vergilben und das Barfußlaufen in der Hasenheide oder auf dem Tempelhofer Feld nicht mehr möglich ist, weil das einstige Gras zu einem dürren Stoppelfeld verkommen ist. In einem Zustand größter Trauer habe ich den Reichtum kennengelernt, von dem Clarissa Pinkola Estés in *The Faithful Gardener* spricht: »Arm und ohne Bäume zu sein, bedeutet, der ärmste Mensch der Welt zu sein. Arm zu sein und Bäume zu haben, bedeutet, auf eine Weise reich zu sein, die man mit Geld nicht erwerben kann.« Der kurze Aufenthalt meines Babys auf Erden half mir, mich fester im irdischen Raum zu verankern und mich mit dem Leben auf eine tiefere, dankbare Weise zu verbinden.

WURZELN

Die Potawatomi Robin Wall Kimmerer, Botanikerin und Autorin, schreibt in ihrem Buch *Geflochtenes Süßgras*: »Ich frage mich, ob vieles von dem, woran unsere Gesellschaft krankt, nicht daher kommt, dass wir uns von dieser Liebe zum Land und vom Land selbst haben abschneiden lassen.« Das patriarchale kapitalistische System macht uns glauben, dass wir als

Spezies alleinstehend sind, singulär, exzeptionell, ohne Verwandtschaft, dass wir mit dem Rest der Erde wenig zu tun haben und von Ökosystemen komplett losgelöst sind. Karl Marx nennt diesen Trennungsprozess in seinem Werk *Das Kapital* im dritten, von Engels herausgegebenen Band den »metabolischen Bruch«, eine Folge der zerstörerischen Kraft des Kapitals auf den Stoffwechsel zwischen Natur und Mensch. Die Stadtbewohner*innen wurden allmählich von der Natur getrennt, obwohl sie einst in einem wechselseitigen, metabolischen Prozess in sie eingebettet waren. Für den Großteil der Menschheitsgeschichte nämlich waren wir in einer Art unsichtbaren Architektur durch Erzählungen, Rituale und Praktiken unentrinnbar miteinander verbunden. Die Folgen dieses Bruchs sind für uns drastisch: Die Menschen haben den Zugang zu sich selbst verloren, spüren oft weder ihre Körper noch ihre Seelen. Von Letzteren behaupten sie sogar, keine zu haben. Ich selbst stelle mir das genau umgekehrt vor: Wir *haben* keine Seele, wir *sind* eine Seele, die einen Körper hat. Die Aufspaltung in verschiedene Teile und die Abspaltung von der Natur führt zu kollektiven seelischen Wunden, die uns davon abhalten, uns mit dem Rest des Universums zu verbinden.

Diese Erkenntnis wurde in den letzten Jahren in New-Age-Kreisen vermehrt aufgegriffen, woraus sich eine Art kontemplativer Ökologie mit praktischen Ansätzen wie der Naturtherapie, auch Ökotherapie, *Green Therapy* oder *Green Care* genannt, entwickelte, die unter anderem mystische und spirituelle Touren, geführt von Natur-Coaches, beinhaltet. Dabei geht es im Grunde lediglich darum, Zeit in der Natur zu verbringen, um bei Einzelnen Heilung, Wachstum, Bewusstseinsentwicklung und mentale Gesundheit zu fördern. Diese Ansätze fokussieren nicht selten auf Selbstoptimierung, sind teuer und nur für bestimmte Menschen zugänglich. Teile der kontemplativen Ökologie gehen nicht mit einer systemischen Kritik einher und reproduzieren daher koloniale Muster, indem kulturelle Praxen von indigenen Menschen, die als die einzig authentische Quelle der Spiritualität idealisiert werden, angeeignet werden. Dabei war dieses spirituelle Wissen einst auch in Europa vorhanden, doch es wurde unter anderem durch die Ermordung vieler Frauen als Hexen und die Verteufelung des Paganismus durch die Christianisierung fast komplett vernichtet. Bei der wachsenden »Ecosex«-Bewegung, die in den frühen 2000ern vor allem in den westlichen Ländern als Reaktion auf die Umweltkrise und den Wunsch nach einer tieferen Verbindung mit der natürlichen Welt entstanden ist, wird die Natur unter dem Banner der Liebe erotisiert. Menschen finden Sinnlichkeit, Vergnügen und Erotik in der Begegnung mit natürlichen Elementen wie Pflanzen, Landschaften und Gewässern und verfolgen Praktiken wie das Nacktwandern, erotische Massagen mit Erde oder Steinen, Tanzperformances und Rituale. Die ökosexuelle Bewegung überschneidet sich oft mit queeren und feministischen Bewegungen, weil starre Binaritäten und Hierarchien zugunsten einer fluideren und egalitären Art der Beziehung zur Erde abgelehnt werden. Es geht darum, Vergnügen und Aktivismus miteinander zu verflechten und ein tieferes Gefühl der Verbundenheit mit und Abhängigkeit von der natürlichen Welt zu fördern. All diese Ansätze versuchen, wenngleich hier und da aus utilitaristischen Gründen oder auf allzu dogmatische Weise, das tiefsitzende menschliche Bedürfnis, sich mit der Natur zu verbinden, zu würdigen. Was immer die oder der Einzelne von diesen konkreten Ansätzen halten mag, feststeht, die Natur tut uns gut. Der Geruch der Erde nach einem Regenguss hat messbare Auswirkungen auf unser Gehirn, Zeit im Wald zu verbringen wirkt sich positiv auf unser Nervensystem aus, weil Phytonzide, die von den Bäumen abgegebenen Chemikalien, die fraktalen Formen unseres Körpers beeinflussen und Bereiche des Gehirns, die mit Ruhe und Entspannung verbunden sind, aktivieren. Mikrobakterien, die sich im Boden befinden, haben serotoninähnliche Wirkungen auf uns und werden derzeit sogar zur Behandlung von PTBS-Symptomen und Depressionen getestet. Das Leben in der Stadt fällt mir zunehmend schwerer, und so versuche ich, möglichst viel Zeit in der Natur zu verbringen. Dafür brauche ich allerdings weder Coach noch Schule, meine Seele weiß intuitiv, wie sie Kräfte aus der Natur schöpfen kann.

Ich mache regelmäßig mehrtägige Wanderungen mit Pferden und war dieses Jahr eine Woche in Marokko wild campen. Das Pferd, das mir zugeteilt wurde, hieß Mogador. Eines Abends sind wir zu zweit über einen leeren Strand galoppiert. Am Ende der Strecke brach ich in Tränen aus, überkommen von einem überwältigenden Gefühl von Freiheit. Ich stieg ab, befreite Mogador von seinem Sattel und beobachtete ihn dabei, wie er seinen großen, verschwitzten Körper im trockenen Sand wälzte. Direkt neben uns brachen sich die Wellen gewaltvoll am Strand. In der Ferne, hinter dem Dunst der Gischt, waberte der Horizont über dem Ozean. Mogador und ich standen auf dem gleichen Stück Erde, wir atmeten die gleiche Luft, spürten die Wärme der gleichen Sonne. Und ich erinnere mich an einen Satz aus Adrienne Richs Vorlesung über intersektionalen Feminismus, die sie 1984 in Utrecht gab: »Das Problem war, dass wir nicht wussten, wen wir meinten, wenn wir ›wir‹ sagten.« Wir – Mogador, der Sand, die Sonne, das Meer, die Vögel über uns und ich – stammen aus der gleichen Materie. Die Untrennbarkeit unserer Existenz macht mich glücklich und entlastet mich von der Illusion der Individualität, die stets ein latentes Angstgefühl in mir verursacht.

Der Grundgedanke hinter der Metta-Meditation in der buddhistischen Tradition ist, dass wir – einzeln und im Kollektiv – einen friedlichen Zustand nur dann erreichen, wenn wir jedem Wesen mit Wohlwollen und Liebe begegnen. Diese Praxis, die ich seit einigen Jahren in meinen Alltag zu integrieren versuche, hilft mir, die harten Grenzen, die der Individualismus mir antrainiert hat, aufzuweichen. Allmählich bröckeln die Mauern zwischen mir und anderen Menschen, mir und anderen Wesen, und das »wir« wird immer größer.

RÜCKSICHT

Es besteht ein Unterschied, ob man wahrnehmender Teil der Natur ist oder wertschätzende Beobachterin. Wer eine Naturdokumentation aufmerksam verfolgt, kann sich beeindrucken, bilden und erschüttern lassen. Wer aber selbst im Wind steht und in ein Tal hinunterblickt, das man noch vor wenigen Stunden durchquert hat, erfährt eine andere Form der Betroffenheit und Ehrfurcht. Viele von uns stehen selten inmitten der Natur und werden daher nur selten an ihre Rolle in diesem Gesamtgefüge erinnert. Und es stimmt, dass das Bewusstsein über unsere Verankerung in einem größeren Ganzen, das nicht nur Familie, Freunde, Beruf, Nachbarschaft und Gesellschaft umfasst, sondern auch die Quelle unseres Trinkwassers, den Ursprung unserer Nahrungsmittel, die Rohmaterialien für unsere Kleidung, Technik und Möbel, die Deponien für unseren Küchenmüll, es stimmt, dass dieses Bewusstsein überwältigend sein kann. Doch so weit reicht nun einmal unser »Impact« als menschliche Individuen: Wir existieren nicht losgelöst, nicht folgenlos, nicht unbetroffen von den Dingen, die außerhalb, über oder unter unseren Städten geschehen.

Nehmen wir zum Beispiel unsere Ernährung. Mit über acht Milliarden Menschen auf unserem Planeten überrascht es niemanden, dass die Produktion, Verwertung und der Transport von Lebensmitteln der Umwelt schaden. Unsere heutige Lebensmittelproduktion beansprucht enorm viele Ressourcen, insbesondere Land und Wasser, aber auch Energie. Wir sind uns inzwischen der gesundheitlichen Schäden wie Herz-Kreislauf-Problemen oder der fast pandemischen Diabetes mellitus bewusst, die die Nahrungsmittelindustrie geschaffen hat. Doch kaum jemand spricht über die seelischen Schäden, die Massentierhaltung, Überfischung, Plastikverpackungen, chemische Düngemittel und Luftverpestung bei den Konsument*innen verursachen. »Etwas ist zerbrochen, wenn die Nahrung in einer Styroporschale unter glitschiger Plastikfolie daherkommt, der Kadaver eines Wesens, dessen einziges Glück im Leben ein beengter Käfig war. Das ist kein Geschenk des Lebens; das ist Diebstahl.« Diebstahl, so beschreibt Robin Wall Kimmerer die intensive Nahrungsmittelindustrie. Wann denken wir schon je darüber nach, welche Energien in Supermärkten und den Produkten, die wir konsumieren, stecken und welche Auswirkung diese auf uns haben? Die Schreie und der Schmerz von Millionen von Tieren, die jeden Tag geschlachtet werden; die Ausbeutung, Demütigung und Entmenschlichung derjenigen, die in Schlachthäusern, in Lagern oder auf Feldern ausgebeutet werden; die Billionen von Insekten, die durch Monokulturen, Pestizide und versiegelte Böden vernichtet werden, um die Erträge auf den Feldern und in Gewächshäusern zu erhöhen. Rachel Carson spricht in ihrem Buch *Der stumme Frühling* nicht von Insektiziden, sondern von »Bioziden«: »Es sind Chemikalien, die ohne Unterschied oder, wie man sagt, nicht selektiv wirken. Ihre Macht ist groß: Sie töten jedes Insekt, die ›guten‹ wie die ›schlechten‹, sie lassen den Gesang der Vögel verstummen und lähmen die munteren Sprünge der Fische in den Flüssen. [...] Man sollte die Stoffe nicht Insektizide, Insektenvertilgungsmittel, sondern ›Biozide‹, Töter allen Lebens nennen.« Zugunsten der Menschen werden ganze Ökosysteme zerstört. Diese unüberschaubare Destruktion muss sich doch irgendwie auswirken auf das Gesamtgefüge allen Lebens. Warum ist unsere Beziehung zur Umwelt derart verkümmert? Sind wir als Spezies wirklich nicht zu mehr Rücksicht in der Lage?

Die Bindung zur Natur ist ein wichtiges menschliches Bedürfnis und wird von unserer Gesellschaft doch nicht als solches behandelt. Der US-amerikanische Naturphilosoph und Mitbegründer des Naturschutzes als »erhaltende Praxis der Biodiversität« John Muir schrieb einst: »Bei jedem Spaziergang in der Natur erhält der Mensch weit mehr, als er sucht.« So wie ich Muir verstehe, spricht er von der Abundanz, aber auch der Großzügigkeit, die der Natur innewohnt. Sie kann uns sogar mehr geben, als wir von ihr erwarten. Und doch wird unsere Beziehung zu ihr generell als Einbahnstraße verstanden. Die »Natur zu lieben« suggeriert in der westlichen, anthropozentrischen Kultur eine Asymmetrie, ein Gefälle zwischen Mensch und Natur. Hier liebt die Tierliebhaberin, der Bergfreund, die Hobby-Ornithologin, der Dendrophile – und alle machen sie sich die Natur zum Objekt, das zu keinen reziproken und unabhängigen Gefühlen in der Lage ist. Robin Wall Kimmerer aber schreibt: »Zu wissen, dass man die Erde liebt, verändert einen, motiviert, sie zu verteidigen, zu schützen und zu feiern. Doch wenn man spürt, dass die Erde einen wiederliebt, verwandelt dieses Gefühl die Beziehung von einer Einbahnstraße in eine heilige Verbundenheit.« Unsere allzu menschliche, paternalistische, oft romantische Vorstellung von Natur verhindert eine authentische Beziehung zu ihr. Wir bräuchten eine Ökologie ohne den Begriff »Natur«, um den Menschen als integralen Teil ökosystemischer Interaktionen verstehen zu können.

Die Liebe und der Schutz der Natur werden im Kapitalismus als menschliche Tugend behandelt, die wenig mit einem »heiligen Band« zu tun hat, sondern, ähnlich dem Kolonialismus, auf Mechanismen von Macht und Unterwerfung basiert. Der Archetyp des »Entdeckers«, der tief in kolonialen Mustern verankert ist, ist in dieser Hinsicht zentral. Ebenso die zeitgenössische Ausprägung des Abenteurers, das Konzept der »Great Outdoors«, welches in erster Linie etwas mit individueller Leistung zu tun hat. Es geht um das Erklimmen, Durchqueren, Überwinden, um das Einnehmen und Unterwerfen bestimmter Bereiche der Natur. Im Vordergrund stehen menschliche Grenzen, die Rekord für Rekord verschoben werden – weiter und weiter hinein in die Sphäre der Natur, die abgedrängt wird. Für diese Leistung braucht es spezielle Kleidung und teure Ausrüstung, Visa und Zulassungen, einen

»fitten«, starken, nicht behinderten Körper, ein besonderes Mindset und spezifische Skills. Outdoor-Aktivitäten werden nicht als integraler Teil des menschlichen Daseins betrachtet, sondern als Ausnahmeaktivität, die punktuell und absichtlich stattfindet. Weil die Figur des Entdeckers historisch, sozial und geografisch situiert ist, haben wir ein klares Bild von ihr: weiß, männlich, gebildet. Die Armut an menschlicher Diversität im Outdoor-Bereich hat auch mit der Gewalt zu tun, die nicht weiße Menschen historisch in der Natur erfahren haben, und mit der Tatsache, dass Frauen über Jahrhunderte in die häusliche Sphäre verdrängt wurden. Bis heute gelten nicht weiße Körper in der freien Natur als suspekt. In Grenzgebieten der EU und der USA werden wandernde nicht weiße Menschen von der Grenzpolizei verfolgt und eingesperrt, manchmal getötet. Nach Abschaffung der Sklaverei wurden in den USA Gesetze verabschiedet, die die Nahrungssuche auf dem Land strafbar machten. Durch solche Gesetze wurden Schwarze Menschen in der Natur kriminalisiert. Heute werden indigene Gemeinschaften in Südamerika gewaltvoll aus ihrem natürlichen Habitat vertrieben. Nicht Raubtiere und Gezeiten machen aus der Natur einen gefährlichen Ort, sondern rassistische Grenz- und Eigentumsgesetze. Die Wahrheit ist: Die Natur ist nicht frei. Weder ist sie frei, zu wachsen und zu gedeihen, noch ist sie frei, durchstreift und genossen zu werden. Im Kapitalismus unterliegt das Land den Interessen der Besitzenden, und diese Interessen sind meistens ökonomischer Art.

WILDHEIT

Die Unterwerfung der Natur unter den Willen des Menschen ist eine der größten Illusionen, der die Menschen über sich selbst noch immer nachhängen. Die Tatsache, dass der Mensch, insbesondere seit der Industrialisierung, bemerkenswerte Gewalt, Ausbeutung und Schädigung an der Natur ausgeübt hat, führt oft dazu, dass die inhärenten Grenzen der menschlichen Macht und die Notwendigkeit von Demut gegenüber der natürlichen Welt weitestgehend ignoriert werden. Philip Aghoghovwia, der an der Schnittstelle von Postkolonialismus und Ecocriticism forscht, schreibt in seinem Essay *Postcolonial Nature*: »Die Natur an sich hat keine feste Definition, sondern bezeichnet alle Dinge – wesentliche, materielle und immaterielle –, die außerhalb des menschlichen Wirkens und Wollens entstanden sind, einschließlich des Menschen selbst.« Doch so, wie wir im Westen heute »Natur« verstehen, ist sie eine von Menschen gestaltete und verwaltete Entität. Eine törichte Einstellung, denn die Natur birgt auch nach der Erfindung motorisierter Transportmittel oder industrialisierter Landwirtschaft eine überwältigende, eben unzähmbare Kraft. Diese Kraft zu kontrollieren und für Wachstum nutzbar zu machen ist eine der Missionen des Kapitalismus; das heißt, die gesellschaftlichen Strukturen, in denen wir seit Jahrhunderten leben, zielen stetig darauf ab, eine Kraft zu schwächen, von der wir eigentlich Teil sein könnten und sollten.

Insbesondere Frauen wurde von den Philosophen der Aufklärung aufgrund ihrer lebensschaffenden Kraft eine besondere Bindung zur Natur zugeschrieben. Clarissa Pinkola Estés sieht in der weiblichen Kraft der Frauen eine Wildheit, die das Patriarchat ständig zu bändigen suchte. In der *Wolfsfrau* schreibt sie: »Wir alle sind von einer Sehnsucht nach wilder Ursprünglichkeit erfüllt. [...] Man hat uns Scham vor diesem Verlangen anerzogen, und so haben wir gelernt, unsere Gefühle hinter langen Haarmähnen zu verbergen. Aber ein Schatten der Wilden Frau verfolgt uns bei Tag und auch bei Nacht. Wo wir auch hingehen, ein Schatten trottet hinter uns her – und immer einer auf vier Beinen.« Diese Kraft macht dem Patriarchat Angst, weshalb eine seiner wichtigsten Aufgaben darin besteht, Frauen von ihrer Wildheit, von dieser instinktiven Essenz zu trennen. Aber wir sind weiterhin hier: Einst waren wir Heilerinnen, dann Hexen, dann Suffragetten, heute heißen wir Feministinnen.

Der Archetyp der Hexe ist mit der Natur verflochten wie die Wurzeln eines Baumes mit der Erde. Hexen durchstreiften die Wälder, eingestimmt auf den Rhythmus der Jahreszeiten. Hier, fern der Menschen, fanden sie Trost und Kraft und ließen sich von der Schönheit und den Geheimnissen der natürlichen Welt inspirieren. Sie verehrten die Pflanzen und Tiere als Verbündete und Lehrerinnen und machten sich ihre Kraft für Heilung und Magie zunutze. Sie sammelten Kräuter, Blumen, Wurzeln, Pilze, Steine, Federn und Dornen für heilende Tränke und Zaubersprüche und ehrten die Gaben der Erde mit Dankbarkeit und Respekt. Sie lebten in Harmonie mit dem Land, traten leichtfüßig auf und hinterließen keine Spuren. Ihr tiefes Verständnis für die spirituelle Dimension der Welt machte sie zu Beschützerinnen des alten Wissens und zu Brücken zwischen dem Sichtbaren und dem Unsichtbaren. Für Hexen war die Natur nicht nur die Kulisse ihrer Magie – sie war Quelle ihrer Kraft und Inspiration.

Die Tötung von bis zu 80 000 Hexen, die zwischen den Jahren 1400 und 1782 in Europa stattfand, war auch der Versuch, frauenspezifisches Wissen, Spiritualität und Praktiken, die in der Natur verwurzelt sind, auszulöschen. Die Hexenverfolgung wurde von der patriarchalen Macht durchgesetzt. Sie nahm in erster Linie Heilerinnen ins Visier, die damals weitaus kompetenter als die offiziellen Ärzte waren, wie Silvia Federici in *Caliban und die Hexe* detailliert darlegt. In *Outlaw Culture* erinnert uns bell hooks daran, dass Menschen manchmal versuchen, »dich zu zerstören, weil sie deine Macht erkennen – nicht, weil sie sie nicht sehen, sondern weil sie sie sehen und nicht wollen, dass sie existiert.« Die Aufklärung und die Hexenverfolgung waren eng mit der wissenschaftlichen Revolution des 16. und 17. Jahrhunderts verbunden. Wichtige Entdeckungen und Errungenschaften in Bereichen der Astronomie, Physik, Biologie und Chemie trugen dazu bei, traditionelle Weltbilder zu erschüttern und ein neues Verständnis der Natur und des Universums zu schaffen, das auf empirischen Beobachtungen und rationaler Analyse basierte. Diese Denkweise legte den Grundstein für die moderne Wissenschaft und hatte einen tiefgreifenden Einfluss auf die Selbstwahrnehmung des Menschen in Europa und darüber hinaus – er war der Natur entrissen worden, gewaltvoll entwurzelt, war in seiner Ablehnung allen intuitiven, weiblichen Wissens nun mutterlos. Die Philosophin Susan Bordo spricht in ihrem Essay *The Flight to Objectivity* von einem kulturellen »Entbindungsdrama«, in dem der Mensch als eine »entschieden getrennte Entität, die jede Kontinuität mit dem Universum, dessen Seele sie einst teilte, abgebrochen hat«, hervortritt. Daraus entstand ein maskuliner und viriler kognitiver Stil, der kühl, unpersönlich, objektiv, rein und diszipliniert war. Mona Chollet erklärt in ihrem Buch *Hexen: Die unbesiegte Macht der Frauen*, wie die Philosophen der Aufklärung Männlichkeit mit dem neu entstandenen Wissensethos assoziierten, der englische Philosoph Francis Bacon verkündete sogar die »Geburt der maskulinen Zeit«. Diese ging mit dem Tod einer weiblichen Ära einher, wie der Historiker Guy Bechtel in *La sorcière et l'Occident* beschreibt: »Die Bewegung, die die Hexen töten wollte, ist auch diejenige, natürlich unbewusst, die Montesquieu, Voltaire und Kant hervorgebracht hat.« Wie würde die Welt heute aussehen, hätten die jahrhundertelangen Massaker an Frauen nicht stattgefunden? Wenn wir betrachten, was die Aufklärung gebracht hat, müssen wir auch in Betracht ziehen, was durch sie für immer verloren gegangen ist.

SCHUTZ

Ein Kernelement dieser wissenschaftlichen Revolution waren die neuen sozialen Hierarchien, die aus der Differenzierung von Natur und Kultur abgeleitet wurden: Speziesismus, das Herrschaftssystem, das allen anderen zugrunde liegt. Während am rechten Ende des Spektrums evolutionärer Entwicklung Kultur für Überlegenheit, Zivilisation und Fortschritt stand, wurde Natur am linken Ende als Zustand der Unterlegenheit konstruiert. Die weiße Rasse sei demnach die Menschengruppe, die, aufgrund ihrer Entfremdung vom natürlichen Zustand, den meistentwickelten Zustand erreicht habe. Die unterlegenen Rassen seien der Natur noch zu nah, teilweise kaum differenzierbar vom Tier, um als echte Menschen zu gelten. In seiner 1735 erschienenen *Abhandlung über Metaphysik* schreibt Voltaire, dass die Weißen »den N-[Wort] überlegen sind, so wie die N-[Wort] den Affen überlegen sind und die Affen den Austern«. Auch der weibliche Körper, der menstruiert, gebiert und Milch produziert, wurde in diesem Zusammenhang als unterlegen betrachtet. Die Klassifizierungen, die bis heute im Biologieunterricht gelehrt werden, reproduzieren diese Hierarchien: *Säugetiere > Fische > Insekten, Fleischfresser > Pflanzenfresser > Autotrophen, Mensch > Tier > Pflanze.* Wir alle wissen, wie weitere Formen dieser Ketten in den Jahrhunderten zwischen Kolonialismus und dem rassenbiologischen Denken des Nationalsozialismus aussahen.

Die intrinsische Verbindung des Menschen mit der Natur und all ihren anderen Arten hat sich im Laufe der Jahrtausende zu einer Beziehung reduziert, in der der Mensch entweder die Rolle des entfernten Beobachters oder die des Gestalters einnimmt. In Städten wird die Natur ästhetisiert, geformt und modelliert, um einer bestimmten Ordnung und Hygiene zu entsprechen. Man denke an die barocke Gartenkunst, die vollends darauf ausgerichtet ist, die menschliche Kontrolle über die Natur zu demonstrieren, indem sie sie in dekorative Trophäen biegt und trimmt. Parallel dazu verschärfen künstlerische Darstellungen unberührter, makelloser Landschaften unsere Distanz zur Natur und stellen diese als Parallelwelt dar. Doch es gibt keine »unberührte Natur«, Menschen haben überall auf der Erde Spuren hinterlassen, wie Yuval Noah Harari in *Sapiens* bedauert. John Muir trug seinen Teil zu dieser Vorstellung der Natur als separat vom Menschen bei. 1894 schrieb er, dass »die ersten [Mono-Indianer], die ich traf, waren zumeist hässlich, manche sogar vollkommen abstoßend. […] Irgendwie schienen sie keinen rechten Platz in der Landschaft zu haben, und ich war froh, als sie unten am Pass außer Sicht kamen.« Ironischerweise wurden indigene Völker von den weißen Kolonisatoren wie Wildtiere als »Teil der natürlichen Umwelt« betrachtet, sodass das Land, das sie bewohnten, als »frei« galt. Der Rechtsgrundsatz der *terra nullius* (lateinisch für »Niemandsland«) erteilte den europäischen Siedlern die Erlaubnis, Land, das nicht bereits von anderen Christen besiedelt war, zu beschlagnahmen. Rassismus und Umweltschutz sind aufs Engste miteinander verknüpft. Während die Gründung der meisten Nationalparks und Reservate mit der Vertreibung von einheimischen Gemeinschaften einherging, werden die Bedürfnisse der indigenen Bevölkerung auch heute nicht von Naturschutzorganisationen berücksichtigt. In dem Sammelband *Decolonizing Nature* verweist die Anthropologin Marcia Langton auf eine Studie aus dem Jahr 1997 über die Nachhaltigkeit australischer Reservate hin und mahnt, dass wir nicht vergessen dürfen, dass sich »die Interessen der indigenen Völker und der Naturschutzorganisationen überschneiden, aber ihre Vorstellungen darüber, was bei der Verwaltung der Ressourcen für die Zukunft auf dem Spiel steht, können sehr unterschiedlich sein«.

Der sogenannte Ökofaschismus zeigt, wie die »Liebe« für die Natur korrumpiert werden kann. Ökofaschismus benutzt die Umweltkrise als Grund, um die Bevölkerung des Globalen Südens und Migrant*innen ins Visier zu nehmen und zu bestrafen. Die »Überbevölkerung« des Globalen Südens seien demnach das Problem. Dabei bleiben die wahren Ursachen der Umweltkrise außer Acht: kapitalistische und korporative Gier, Imperialismus und Kolonialismus. Der Ökofaschismus fördert Eugenik, Zwangssterilisation und ethnische Säuberung zum vermeintlichen Zweck des »Schutzes der Umwelt«. Die Rhetorik, die im Rahmen ökofaschistischer Strömungen benutzt wird, spricht von »Säuberung«, »natürlicher Regulierung«, »Tragik der Allmende«. Die Quelle von Ökofaschismus ist ein Paradigma, das auf der Hierarchisierung des Lebens beruht. Rassismus und Speziesismus sind zwei Seiten einer Medaille.

RESPEKT

Vor einigen Jahren machte ich eine einschneidende Erfahrung. Als ich eingewickelt in eine Tagesdecke an meinem Schreibtisch die letzten Seiten von meinem Buch *Why We Matter* schrieb, flog eine dicke, blau glänzende Fliege um mich herum und pausierte ab und zu auf meinem Bildschirm. Ich war genervt und auch ein bisschen angeekelt von ihr und ihrem bunt schillernden Körper, der träge auf meinem Schreibtisch, dann an meinem Fenster klebte und hin und wieder die kleinen, haarigen Rückbeine aneinanderrieb. Ich dachte, dass diese wohl die allerletzte Fliege des Jahres in meiner Wohnung sein und dass ihr kurzes Fliegenleben bei solchen Temperaturen ohnehin bald enden würde. Also entschied ich mich, sie zu akzeptieren. Nach einem Tag störte sie mich nicht mehr. Nach zwei Tagen bekam sie einen Namen: Nina. Am dritten Tag war ich leicht besorgt, als sie für eine Weile verschwand. Insgesamt lebte Nina fast drei Wochen bei mir. Von dem Moment an, in dem ich entschied, sie zu akzeptieren, schaltete mein Bewusstsein um: Von einer nervigen Fliege, deren Tod und Leben für mich irrelevant waren, wurde sie zu einem Lebewesen, über das ich nachdachte. Der neue Blick auf diese Fliege erlaubte mir, sie als wertvoll zu begreifen – genauso wertvoll wie ich selbst. Zwischen ihr und mir herrschte keine Hierarchie, die Konzepte Tier und Mensch, »überlegen« und »unterlegen«, »lebenswert« und »wertlos« trennten uns nicht mehr.

In der Genesis 1:26–28 heißt es: »Und Gott sprach zu ihnen: [...] Füllet die Erde und machet sie euch untertan; und herrschet über die Fische des Meeres und über das Gevögel des Himmels und über das Vieh und über die ganze Erde und über alles Gewürm, das sich auf der Erde regt!« Nach dieser Schrift wurden Menschen geschaffen, um über den Rest der Erde zu herrschen. Die Herrschaft über Tiere und Natur ist der menschlichen Identität konstitutiv, das Töten von Tieren gehört zur Idee des menschlichen Erhalts. *Wir* sind diejenigen, die Tiere töten und fressen, nicht umgekehrt. Ein wichtiges, wenn nicht das wichtigste Merkmal unserer Identität als *Homo sapiens* ist, dass wir uns an der Spitze der Nahrungskette befinden. Diese Position trennt uns vom Rest der Erde und verleiht uns eine Art göttlichen Charakter, der schwer abzulegen ist. Die Philosophin Florence Burgat spricht in *L'Humanité carnivore* von der Durchsetzung eines »virilen Humanismus«. Die meisten Menschen, die beim Frühstück Leberwurst auf ihr Brot schmieren, denken nicht mal darüber nach, dass sie gerade ein totes Tier essen und was das wohl für ihre Selbstwahrnehmung bedeutet.

In einigen anthropologischen Theorien gilt der Verzehr von Fleisch als zentraler Faktor der Menschwerdung, gar als Grundlage der Entwicklung des menschlichen Gehirns. Doch neueste Studien hinterfragen diese These und zeigen, dass es nicht das Fleisch an sich war, das zur Entwicklung der menschlichen Spezies beigetragen hat, sondern die intellektuellen Fähigkeiten, die zur Jagd mobilisiert wurden, wie etwa Strategien zur Organisation, die Koordination rund um die Jagd, die Aufteilung der Überreste und verschiedene Methoden zur Konservierung des Fleisches. Der Erwerb dieser Fähigkeiten hatte weniger mit den Fleischproteinen an sich zu tun als mit der Logistik ihrer Beschaffung. Heute werden weltweit jährlich etwa 750 Millionen Hühner, Puten, Schweine, Kühe und Rinder geschlachtet, das sind circa zwei Millionen Tiere pro Tag. Die paar Kühe, die entlang der Autobahn grasen, sind nur die oberste Spitze des Eisbergs. Vielleicht würde es etwas an der allgemeinen Gleichgültigkeit ändern, würden wir *alle* Tiere sehen, die täglich geschlachtet werden. Die Unsichtbarmachung der Tiere aber gehört zu einem System, das uns von ihnen trennt und uns erlaubt, sie ohne schlechtes Gewissen zu essen. Eine weitere Strategie, um die Schuld und kognitive Dissonanz, die mit dem Verzehr von Fleisch einhergeht, abzumildern, ist der Mythos des ethischen Tötens, der auf der perfiden Botschaft »wir lieben unsere Tiere (und töten sie gut)« basiert, ähnlich wie die oft gehörte These vom »guten, ritualisierten Tod« gegenüber dem »schlechten, industrialisierten Tod«, die an alte Vorstellungen von der willigen Beute anschließt. Die Marketingstrategien für Bio-Fleisch- und Milchprodukte machen sich eine Rhetorik der Liebe zunutze, die den Konsument*innen einredet, dass sie den Tieren durch den Verzehr von »artgerecht produziertem« Fleisch, Käse oder Joghurt etwas Gutes täten. Jahrhunderte der Unterdrückung haben uns dazu verleitet, zu glauben, dass Liebe und Unterdrückung nebeneinander bestehen können. So wie wir weiterhin glauben, dass Männer Frauen beherrschen und gleichzeitig lieben können, oder wie zur Zeit der Sklaverei Sklavenhalter*innen behaupteten, *ihre* Sklav*innen zu lieben, denken wir, dass wir Tiere lieben und gleichzeitig essen, einsperren, züchten oder abrichten können. Diese Auffassung von Liebe ist nur möglich, wenn die »geliebten« Tiere nicht als Subjekte, sondern als Objekte betrachtet werden. Das Subjekt: ein autonomes, wahrnehmendes oder erkennendes Individuum, mit eigenen Erfahrungen, Macht und Handlungsfähigkeit. Das Objekt: das, was vom Subjekt wahrgenommen oder erkannt wird. Die Existenz von Tieren wird fast nie als Ablauf eines eigenen Lebens gedacht.

Neulich war ich auf einem Bauernhof, der Kühe, Schafe, Schweine und Pferde vor dem Schlachthof rettet. Ich ließ mir zu jedem einzelnen Tier Geschichten erzählen und realisierte erst nach und nach, dass sie alle einen individuellen Weg hinter sich, ihr *eigenes* Leben gelebt haben. Wenn ich jetzt einem Tier begegne, füllt sich mein Kopf mit Fragen. Wo bist du geboren, wo hast du gelebt, unter welchen Bedingungen? Wer sind deine Eltern und Geschwister? Wer war Teil deines Rudels, deines Schwarms, deiner Herde? Was macht dich glücklich? Wovor fürchtest du dich? Was verursacht dir Stress, was bringt Entspannung? Der amerikanische Theologe Thomas Berry schrieb einst: »Wir müssen vom Universum denken, dass es eine Gemeinschaft von Subjekten ist, nicht eine Ansammlung von Objekten.« Tiere als Subjekte zu betrachten würde das Fundament unserer tieressenden Gesellschaft infrage stellen.

Die Liebe zu Tieren geht häufig mit einer Essentialisierung der Arten einher, die ihnen pauschal Eigenschaften zuschreibt und dabei ihre Individualität negiert. Die Schimpansen-Expertin Jane Goodall erkennt die Individualität von Schimpansen an, die der Hunde aber nicht: »Ich liebe Hunde, nicht Schimpansen. Schimpansen sind wie wir: Manche sind nett, manche sind schrecklich. Ich betrachte sie nicht wirklich als Tiere, genauso wenig wie ich uns als Tiere betrachte, obwohl wir es beide sind«, sagte sie 2011 in einem Interview. Was für Schimpansen gilt, gilt meiner Meinung nach für alle Arten, nicht nur diejenigen, die uns ähnlich sind. Menschen, die ihre überlegene Position verinnerlicht haben, werden anderen nur dann Respekt und Empathie zollen können, wenn sie sich mit ihnen auf irgendeine Weise identifizieren können. Die meisten Umweltschutz-NGOs nutzen für ihre Kampagnen Bilder von Tigern, Walen oder Eisbären, weil Menschen sich mit solch charismatischen Arten besser identifizieren können als mit Korallen, Plankton oder Insekten. In der veganen Community gibt es den Trend, Tieren menschliche Züge und Verhaltensweisen zuzuschreiben und sie als niedliche, fastmenschliche Wesen zu charakterisieren, um eine Art einfühlsames Verständnis zu kultivieren. Mein Problem mit dieser Strategie ist, dass sie letztlich in dieselbe Falle tappt, die der Speziesismus erst geschaffen hat. Sie behandelt Tiere nur insofern als des Respekts würdig, als sie die Fähigkeit zu menschenähnlichem Verhalten haben. Liebe bedeutet aber, Unterschiede und Andersartigkeit zu respektieren und der Versuchung zu widerstehen, sich selbst im geliebten Wesen zu sehen.

Es gab eine Zeit in meiner Kindheit, während derer Pferde meine engsten Begleiter, liebsten Freunde und aufmerksamsten Therapeuten waren. Sie bildeten den Großteil meiner Gedankenwelt und halfen mir, der Realität zu entkommen, in der ich gefangen war. Niemand wusste von dem Schmerz, der sich tief in meinem Körper und meiner Psyche festgesetzt hatte. Niemand außer den Pferden. Die ganze Woche über wartete ich sehnsüchtig auf Dienstag, der Tag, an dem ich wöchentlich zum Reiterhof ging. Ich erfuhr durch diese nicht menschlichen Freund*innen eine emotionale Nähe, die in dieser speziellen Lebenssituation nicht nur nährend, sondern rettend war. Jenseits der menschlichen Sprache fand ich hier Verbundenheit. Zu der Zeit war kein Mensch in meinem Umfeld in der Lage, Emotionen zu entschlüsseln, die sich in Worten nicht ausdrücken ließen.

Die Liebe zwischen Menschen und Tieren wird oft mit dem Argument des Anthropomorphismus, dem Zuschreiben menschlicher Eigenschaften auf Nichtmenschliches, negiert und sogar verhöhnt, als ob nur Menschen zu Liebe und Bindung fähig wären. Und es stimmt, dass sich die zwischenmenschliche Liebe nicht direkt auf Tiere übertragen lässt, dafür ist die Machtdynamik zwischen den Spezies zu stark in uns verankert. Ein Hund, eine Katze, ein Schaf oder ein Pferd können in Deutschland nur existieren, wenn sie im Besitz eines Menschen stehen, viele Tiere sind für ihr Überleben auf Menschen angewiesen. Die Besitzerin, die ihre Hündin »über alles« liebt, tut das aus einer bestimmten Position des verantwortungsvollen Besitzes und vielleicht auch der emotionalen

Abhängigkeit heraus. Kann es sein, dass es der Hündin genauso geht? Ist diese Bindung vielleicht mit der Eltern-Kind-Liebe vergleichbar, die auch in einer Machtdynamik eingebettet ist? Ich frage mich oft, ob Tiere sich der Abhängigkeit, in der sie stecken, bewusst sind.

Immer wieder projiziere ich meine Sehnsucht nach Freiheit und Selbstbestimmung auf einzelne Tiere. Ich sehe Pferde auf einer eingezäunten Koppel stehen und bin davon überzeugt, dass sie sich nach endlosen Steppen sehnen. Als ich mir tatsächlich einmal die Erlaubnis holte, zwei Esel eines Streichelzoos in den benachbarten Wald auszuführen, musste ich feststellen, dass sie meinen Wunsch nach Auslauf nicht teilten. Die beiden bockten schon am Gatter und ließen sich kaum vom Gelände führen. Sie fühlten sich wohl, wo sie waren, so klein und stoppelig ihre Koppel auch war. Was wusste ich schon über die Bedürfnisse dieser Tiere? Vielleicht hatten sie das Gefühl, ich entfernte sie von ihrer Herde, dem einzigen Ort, der ihnen Sicherheit gab.

Natürlich geht es nicht allen Tieren wie diesen beiden Eseln. Auf einem Hof im Pariser Vorort leben die Pferde unter furchtbaren Bedingungen. Sie werden in sehr engen Ställen gehalten, in denen sie sich kaum bewegen können und Tag und Nacht dasselbe Stückchen Wand anstarren. Die Herdentiere haben keinen Kontakt zu anderen Pferden, außer wenn sie in der dunklen Reithalle geritten werden. Zweimal am Tag erhalten sie Fressen, obwohl der Organismus von Pferden darauf ausgerichtet ist, täglich bis zu sechzehn Stunden gemütlich zu grasen. Jeder Aspekt des Lebens dieser Pferde ging wider ihre natürlichen Bedürfnisse. Der Vorfall, der sich eines Tages ereignete, ist tragisch, aber nicht vollends überraschend: Eine der Stuten drückte ihre Besitzerin gegen die Wand ihrer kleinen Box, bis diese erstickte. Das Pferd wurde sofort zum Tode verurteilt, immerhin hatte es seine Besitzerin *absichtlich* getötet. Es war eindeutig, dass es sich hierbei nicht um einen Unfall handelte, doch versucht man, die Perspektive des Pferdes einzunehmen, so lässt sich der Mord auch als ein Akt der Rebellion bewerten.

Pferde gelten neben Hunden als die besten Freunde des Menschen. Die Bezeichnung »bester Freund« unterliegt jedoch Bedingungen. Hunde und Pferde sind unsere besten Freunde, solange sie unsere affektiven Erwartungen und Bedürfnisse erfüllen. Donna Haraway spricht in Bezug auf Hunde nicht von »besten Freunden«, sondern von *Companion Species,* von einer begleitenden Art. Dieser Begriff impliziert eine gegenseitige Abhängigkeit. Unsere Beziehung zu Hunden wird meistens in einer asymmetrischen Art und Weise beschrieben und wahrgenommen. In dem Büchlein *The Companion Species Manifesto* bricht Haraway mit dieser einseitigen Perspektive und zeigt, dass die Gegenseitigkeit und Verflechtung der Beziehung unabdingbar ist: »Es kann nicht nur eine einzige Art Gefährte sein; es müssen mindestens zwei sein, um Gefährten zu ergeben.« Weder Mensch noch Tier würden ohne den anderen existieren, ihre Beziehung sei nicht nur produktiv, sondern auch co-konstitutiv. Seit dem Ursprung von Mensch und Hund waren ihre jeweiligen Entwicklungen so untrennbar miteinander verwoben, dass keine der beiden Arten ohne die andere wäre, was sie heute ist; Haraway nennt das Co-Evolution. Wir Menschen befinden uns nicht nur mit Hunden und Pferden in einem Zustand der Koexistenz, sondern mit zahllosen Mikroorganismen und Lebewesen, wie etwa dem Reis, den Bienen, Tulpen oder der Darmflora. Unter Tieren existiert diese Co-Abhängigkeit ebenfalls: Der Madenhacker-Vogel beispielsweise, der Parasiten und Insekten vom Rücken des Nilpferds frisst, schützt das Hippopotamus vor Krankheiten und erhält dabei im Gegenzug wichtige Nährstoffe. Ein Geben und Nehmen, das der menschlichen Spezies abhandengekommen ist.

Das Konzept der *Companion Species* knüpft an den Begriff *More-than-human* an, der sich auf Prozesse bezieht, in denen mehrere verschiedene Arten, jenseits der anthropozentrischen Perspektive, zusammenkommen, um ein gemeinsames Ergebnis zu erzielen. Es gibt unzählige Wesen und Organismen, die unsere Welt teilen und eine unerlässliche Rolle für unser Überleben spielen: Ohne die Fotosynthese der Pflanzen und Bäume könnten wir nicht atmen; ohne das, was auf und in der Erde wächst, würden uns lebenswichtige Vitamine, Mineral- und Ballaststoffe fehlen; ohne die Mikroben in unserem Darm könnten wir die meisten Lebensmittel nicht verdauen. Robin Wall Kimmerer will die Schüler*innen ihrer Botanikkurse lehren, die Welt als »eine Nachbarschaft nicht menschlicher Bewohner« zu sehen. Sie weiß: Keine Spezies ist selbstgenügsam, auch der Mensch nicht. Diese Erkenntnis geht mit der radikalen Anerkennung von Differenz einher, nämlich dass wir alle in einen Orbit unterschiedlicher Erfahrungen, Werte, Fähigkeiten, Materialitäten und Geschichten hineingeboren werden. Unsere Liebesbeziehung zur Natur ist so von Schuld, Schmerz und Ausbeutung geprägt, dass es einer kollektiven Heilung bedürfen würde, um lang gehegte, destruktive Muster zu verlernen und friedlich neben- und miteinander existieren zu können.

Im apokalyptischen Spätkapitalismus ändern sich Familienkonstellationen und -vorstellungen. Kinder sind optional geworden. Irgendwo las ich einmal, dass Pflanzen die neuen Haustiere seien und Haustiere die neuen Kinder. In den letzten Jahren sind in hippen Stadtteilen der Großstädte weltweit Hundebäckereien, -salons, -couture, -parfümerien, -zeitschriften und -versicherungen wie Pilze in die Luft geschossen. Hier entscheiden sich Millennials für mobile, postindustrielle, kinderlose Familien-Modelle – mit Hund. Überfordert von den Fehleinschätzungen, Widersprüchen und Komplexitäten zwischenmenschlicher Beziehungen, finden viele Trost in der vermeintlich unkomplizierten Liebe ihrer Hunde, die sie wiederum wie »ihre Kinder« zurücklieben. Ich frage mich, ob diejenigen, die sich in diese Industrien einkaufen, ihre Hunde lediglich als pelzige Projekte behandeln oder ob ihre Beziehungen tatsächlich Ausdruck der *cross-species companionship* sind.

INTELLIGENZ

In meinem Alltag begegnen mir Tiere nur aus der Entfernung. Die Krähen, Schwalben, Meisen, Spatzen, Elstern und Tauben, die über den Neuköllner Himmel ziehen, die Ratten und Mäuse, die in den Windungen der Berliner Untergründe leben, die vielen Trauermücken, die meine Pflanzen immer wieder quälen, die Fruchtfliegen, die mich im Sommer aufbringen, die Spinnen, die in den dunklen Ecken meiner Wohnung hängen. Ich vermisse den innigeren, alltäglichen Kontakt zu Tieren, doch mein urbanes, hochmobiles Leben ist mit Haustieren nicht vereinbar. Umso dringender suche ich zu jeder Gelegenheit ihre Nähe.

Seit einigen Jahren gehe ich im Sommer mit meinem Sohn in den französischen Bergen wandern. Begleitet werden wir von einer Eselin, die unser Gepäck trägt. Als mein Kind noch klein war, saß es manchmal auf ihrem Rücken, um Kraft zu schöpfen, wenn seine kurzen Beine müde wurden. Bis heute erfüllt mich die stoisch neben uns hertrottende Eselin mit einem zwiespältigen Gefühl, sie hat ja keinerlei Mitspracherecht an diesem »Ausflug«. Mein Blick ruht beim Gehen abwechselnd auf meinem Sohn, der Landschaft und unserer Begleiterin. Auf ihren knöchrigen Beinen und erstaunlich kleinen Hufen zuckelt sie den Berg hinauf, dabei schiebt sich ihr runder Rumpf rhythmisch von links nach rechts. Ihre großen glänzenden Augen blicken milde. Was denkt sie? Hat sie Spaß an der Bewegung, kann sie Vergnügen empfinden beim Erklimmen dieser Berge? Um mein schlechtes Gewissen zu lindern, packe ich für die Wanderung so leicht wie möglich und binde die Eselin in den Pausen nie an, damit sie sich frei bewegen kann. Während der Wanderung lasse ich sie lange grasen und passe mich ihrem Schritt- und Pausenrhythmus an. Wenn die Eselin morgens unaufgefordert zu uns trabt, macht es mich glücklich. Was immer ihr Beweggrund ist – Vorfreude, Ungeduld, Gehorsam –, sie und ich, wir haben das gleiche Ziel: Aufbruch. An dem Machtverhältnis, in das wir beide eingebettet sind, ändert sich dadurch nichts.

Nach westlicher Logik ist der wichtigste Maßstab für den Wert einer Spezies die »Intelligenz«, die ihr zugeschrieben wird. Der enge Rahmen, innerhalb dessen Intelligenz bisher gemessen wurde, dient seit Jahrzehnten als Grundlage für die

Unterdrückung bis hin zur Ermordung nicht nur von Tieren, sondern auch von Menschen, deren Intelligenz in dieses Spektrum nicht hineinpasst. Doch Menschen mit Behinderung, mit mentalen Krankheiten oder Neurodiversität sind nun einmal nicht »weniger«, sondern anders intelligent. Menschen mit Down-Syndrom verfügen oft über außergewöhnliches Einfühlungsvermögen, neurodivergente Menschen über einzigartige kognitive Fähigkeiten und einen ausgeprägten Sinn für Gerechtigkeit und Empathie. »Neurotypisch« beschreibt in erster Linie Eigenschaften, die am besten geeignet sind, um den Anforderungen des kapitalistischen Systems nachzukommen. Inwiefern diese Gehirne wirklich »typisch« und »normal« sind, anstatt »angepasst« und »geformt«, ist diskutabel. Das eigentliche Problem ist die Tatsache, dass unsere Vorstellung von Kommunikation, Produktion und Mobilität auf eine homogene, exklusive Norm zugeschnitten ist. Wir erleben enorme Verluste, von denen wir größtenteils nicht einmal wissen, weil wir uns diversen Formen von Intelligenz gegenüber verschließen. Robin Wall Kimmerer beklagt die Verschwendung und das ungenutzte Potenzial beispielsweise im Hinblick auf die Intelligenz von Pflanzen: »Überlegen wir uns, welchen Zugang wir zu unterschiedlichen Perspektiven hätten, was wir durch andere Augen sehen könnten, [...]. Wir müssen nicht alles selbst herausfinden: Es gibt andere Intelligenzen als unsere, wir sind umgeben von Lehrern. Stellen wir uns vor, wie viel weniger einsam die Welt dadurch wäre.«

Wie eingangs gesagt, bin ich fest davon überzeugt, dass meine Pflanzen leiden, wenn ich weg bin. Descartes, der glaubte, dass nur Menschen ein Selbstbewusstsein besäßen, war der

Ansicht, dass Tiere keinen Schmerz empfinden können, dass ihre Schreie bloß Reflex seien. Auch von Schwarzen Menschen wurde behauptet, sie empfänden weniger Schmerz als Weiße. Es könnte durchaus sein, dass wir die Sensibilitäten der Pflanzen aus demselben Überlegenheitsgedanken heraus untergraben. Können wir wirklich widerlegen, dass der Duft von frisch gemähtem Gras in Wahrheit das chemische Äquivalent eines Schreis ist, wie der Ökologe Jack Schultz in einem Artikel, der 1983 in *Science* erschien, behauptet? Da Pflanzen weder ein Gehirn noch ein zentrales Nervensystem besitzen, sollen sie angeblich keine Emotionen oder Gedanken haben. Hier setzt jedoch bereits der Anthropozentrismus an: Das gängige Verständnis von »Intelligenz« beschränkt sich auf Formen der Intelligenz, die einen materiellen Bezug haben – das Gehirn. Doch nicht alle Formen der Intelligenz können auf ein Gehirn zurückgeführt werden. Weder Nesseltiere noch Schleimpilze haben ein Gehirn, und doch kommunizieren, regenerieren und reproduzieren sie besser als irgendein Säugetier dieser Welt. Jenseits von intrinsischen geistigen Qualitäten wie Vernunft, Urteilsvermögen und abstraktem Denken, existiert Intelligenz als die Fähigkeit, optimal auf die Herausforderungen der eigenen Umgebung zu reagieren. Laut dieser erweiterten Definition beschränkt sich Intelligenz nicht auf individuelle Organismen, sondern umfasst auch »kollektive Intelligenz«, wie sie bei Schwärmen von Vögeln oder Fischen beobachtet werden kann. Hier wird nicht der einzelne Vogel oder Fisch, sondern die Fähigkeit des Schwarms bewertet, ein komplexes und äußerst gut koordiniertes Verhalten auszuführen. Ähnlich funktioniert auch die höchst soziale Intelligenz von Insektenkolonien, die sich aus einer Vielzahl von Individuen ergibt, welche einzeln betrachtet nicht besonders intelligent oder auch nur überlebensfähig wären.

Albert Einstein definiert Intelligenz lediglich als die Fähigkeit zur Veränderung – Pflanzen können das, in Rekordgeschwindigkeit. Sie sind in der Lage, drastische Veränderungen vorzunehmen, um auch in veränderter Umgebung zu gedeihen. Wir können Pflanzen, diesen Meisterinnen des Überlebens, ihre eigene Form der Intelligenz nicht absprechen, nur weil sie nicht auf der Ebene der Empfindungsfähigkeit oder des Selbstbewusstseins angesiedelt ist. Da Pflanzen nicht fortlaufen können und oft gefressen werden, ist es sinnvoll, keine unersetzlichen Organe wie ein Gehirn zu haben. Eine Pflanze kann bis zu neunzig Prozent ihres Körpers verlieren und stirbt dennoch nicht. Das schafft eine unglaubliche Resilienz. Für die meisten Menschen sind Pflanzen stumme, unbewegliche Kulisse, doch wenn wir Haraways Konzept der *Companion Species* auf sie übertrügen, würden wir sie als Protagonistinnen ihrer eigenen Leben erkennen. Pflanzen machen 99 Prozent der Biomasse auf der Erde aus. Im Vergleich dazu sind der Mensch und alle anderen Tiere nur Spuren. Würde die Menschheit morgen ausgelöscht, die Pflanzen kämen weiterhin bestens zurecht. Umgekehrt nicht. Der Biologe Stefano Mancuso erklärt in dem Buch *Die Intelligenz der Pflanzen,* dass unsere Abhängigkeit von Pflanzen zu einer Verachtung für sie führt, weil sie uns an unsere Schwäche erinnern. Dies mag den starken Widerstand vieler Wissenschaftler*innen gegenüber der These, Pflanzen seien intelligent, erklären. Eine These, die letztlich die scharfe Trennlinie zwischen dem Tier- und dem Pflanzenreich verwischen und somit die Hierarchie auf den Kopf stellen würde, an deren Spitze der Mensch so gerne steht.

Neulich hörte ich zum ersten Mal vom Phänomen der Baum-Schüchternheit: Bei einigen Baumarten wurde beobachtet, dass sich die vollen Baumkronen nebeneinanderstehender Pflanzen nicht berühren. Blickt man von unten gen blauen Himmel, wird also das dichte Blätterdach von einem weitverzweigten Netzwerk blauer Adern zersetzt. Die Pflanzen sind sehr wohl in der Lage, die Grenzen ihres Selbst und die des Nachbarn wahrzunehmen – und zu wahren. Daneben gibt es außergewöhnlich intelligente Orchideen, die ihre Blüten dem Aussehen bestimmter Insekten anpassen und so paarungswütige Käfer anlocken, oder den Schwimmfarn *Salvinia molesta*, der den Atem anhält, wenn er unter Wasser getaucht wird, und so jahrelang unter Wasser existieren kann. Was uns all dies zeigt, ist, dass Intelligenz kontextabhängig ist. Der Mensch mag an sich intelligenter sein als eine Spinne oder Biene, aber wenn es darum geht, ein Insekt in einem Netz zu fangen oder Honig zu produzieren, sind Spinne und Bienenvolk klar im Vorteil. Menschen sind, wie alle anderen Spezies auch, einzigartig. »Wir sind die erste Spezies, die über andere Spezies forscht und darüber streitet, ob sie mehr oder weniger intelligent sind als wir. Aber es ist die Quantität, nicht die Qualität der Intelligenz, die uns auszeichnet«, erklärt der Botaniker Stefano Mancuso dem Journalisten Michael Pollan für dessen Artikel *The Intelligent Plant*. Wir befinden uns auf einem Kontinuum mit der Akazie, dem Elefanten, der Spinne und dem Bakterium. Intelligenz ist eine Eigenschaft des Lebens: Wo Leben ist, da ist Intelligenz.

»Die Bäume handeln nicht als Individuen, sondern als Kollektiv. Wie genau sie das anstellen, wissen wir noch nicht. Doch was wir hier sehen, ist die Macht der Einigkeit. Was einem passiert, passiert uns allen. Wir können zusammen hungern oder zusammen prassen. Alles Gedeihen beruht auf Gegenseitigkeit«, schreibt Robin Wall Kimmerer in *Geflochtenes Süßgras*. Seit den späten Neunzigerjahren erforschen Wissenschaftler*innen die Möglichkeit eines »Wood Wide Web«, die Vorstellung, dass sich Bäume in weitreichenden Netzwerken organisieren und, mithilfe der Wurzeln von Pilzen, unterirdisch miteinander kommunizieren. Auf diesem Wege können sich Bäume vor Insektenangriffen und Dürren warnen oder Kohlenstoff, Stickstoff und Wasser an Bäume in Not liefern. Sollten wir Menschen uns für diese andersartigen Netzwerke und Formen kollektiver Intelligenz öffnen, könnten wir in der Welt der Pflanzen und Tiere Inspiration für innovative zwischenmenschliche Beziehungen und Gesellschaftsformen finden. In der respektvollen, neugierigen und demütigen Annäherung an unsere nicht menschlichen Nachbarn liegt der Schlüssel für echten, nicht rein performativen Altruismus, für Kooperation und Kollaboration statt Eigennutz und Individualismus, für einen Paradigmenwechsel, weg vom hierarchischen Paradigma, das unsere Welt seit Jahrhunderten regiert.

Meine Großeltern haben ein Haus mit Garten auf dem Hügel von Balata im nördlichen, grünen Teil der Insel Martinique. Seit meiner Kindheit habe ich viel Zeit in diesem Garten verbracht, immer in Bewegung, damit uns die vielen Ameisen nicht auf die Füße kriechen konnten. In diesem Garten leben dicht an dicht über zwanzig Sorten von Obstbäumen und Süßgräsern. Bananen, Avocados, Limetten, Orangen, Granatäpfel, Zuckerrohr, Zitronengras, Ananas, Mangos und vieles mehr wächst auf diesem kleinen Stück Land. Die Kolibris haben in diesem Garten voll bunter, süßer Blüten ein Zuhause gefunden. Die Geräusche der Vögel, Insekten und Frösche und die Düfte der Pflanzen und reifen Früchte bilden eine laut summende Höhle der Geborgenheit. Im Laufe der Jahre lernte ich über diesen Ort, was immer ich nur konnte: welche Pflanzen wofür verwendet werden, wie sie heißen, was sie zum Wachsen brauchen, woran ich erkenne, dass es ihnen nicht gut geht. Mir dieses Wissen anzueignen war mein Weg, meine eigenen Wurzeln zu pflegen und mich tiefer und tiefer in dem Garten, auf der Insel zu verankern. In Momenten, in denen mir der Zustand der Welt große Angst macht, denke ich an diesen Garten. Der Gedanke an ihn tröstet und erdet mich. Robin Wall Kimmerer beschreibt in *Geflochtenes Süßgras* die Isolierung und Einsamkeit, die die menschliche Spezies als Folge unserer Dominanz in der Welt in immer stärkerem Ausmaß erfährt. Unter der »Einsamkeit der Spezies« versteht sie »die tiefe, unbenannte Traurigkeit, die aus der Entfremdung vom Rest der Schöpfung, aus dem Verlust von Beziehungen entsteht«. Im Garten meiner Großeltern bekomme ich einen Einblick davon, wie es sich für den Kolibri anfühlt, eine Beziehung zu jeder einzelnen Blume im Garten zu pflegen. Zielstrebig fliegt er von der einen zur nächsten, selten suchend, denn er kennt sie alle, weiß, wer was zu geben hat und wer bereits verblüht ist. Der Garten ist sein Zuhause, die Aufmerksamkeit, die er ihm entgegenbringt, sichert sein Überleben.

Als Kind gab ich mich der Sehnsucht nach diesem Garten einfach hin, ohne zu verstehen, was meine Verbindung zu diesem Ort für mich bedeutete. Doch heute sehe ich, dass mit dem stundenlangen Beobachten der Kolibris eine lange Reise begann, die mich, wenn ich viel Ruhe und Aufmerksamkeit sammle, zur gemeinsamen Quelle allen Lebens bringen wird.

KOSMOS LIEBEN

> Manchmal ist die Liebe so einfach,
> wie mit dir den Mond anzuschauen,
> und manchmal ist sie so schwierig,
> wie die Sterne zu zählen.
>
> *Ashish Bagrecha*

Ein klarer Himmel bei Tag ist schön – und trügerisch, denn er spielt uns vor, dass wir zentral und relevant sind. Über unseren Köpfen nichts als blaue Weite, eine Sonne, die nur für uns zu scheinen scheint. Erst bei Nacht wird uns die Tiefe des Universums bewusst, wenn all die Sterne dort draußen, Millionen Lichtjahre von uns entfernt, ihre Existenz zu uns herunterfunkeln. Ich versuche, mich aus dieser größtmöglichen Entfernung des Universums zu sehen: Zuerst ist da unsere Galaxie, die Milchstraße, eine von Milliarden von Galaxien. Wahrscheinlich besteht sie aus mehreren Spiralarmen, in einem davon befindet sich unser Sonnensystem mit seinen acht Planeten, einer davon ist die Erde. Auf dieser Erde gibt es circa 15 Millionen Arten von Lebewesen, Expert*innen haben bislang allerdings erst 1,8 Millionen Arten klassifiziert. Eine dieser Arten ist der Mensch. Einer dieser Menschen bin ich. Selbst diese Perspektive verleiht mir zu viel Größe. Denn die Distanz ist nicht nur räumlich. Die Kosmologin Katie Mack schreibt in *The End of Everything*: »Alles, was wir sehen, liegt, zumindest aus unserer Perspektive, in der Vergangenheit. Wenn wir zum Mond hinaufschauen, sehen wir etwas mehr als eine Sekunde zurück. Die Sonne liegt über acht Minuten in der Vergangenheit. Und von den Sternen, die wir am Nachthimmel sehen, trennen uns Jahre bis hin zu Jahrtausende.« Wo bin ich in Zeit und Raum? Wer bin ich? Wenn ich ins Firmament blicke, rauschen mir Zeitlichkeit und Räumlichkeit in den Ohren, das Hier und Jetzt fällt in sich zusammen, und aller Druck lässt von mir ab. Ich löse mich einfach auf in diesem großen Ganzen. Das ist mein Platz im Kosmos, ein Staubkorn, ein Schnappschuss – federleicht und flüchtig.

ZUFLUCHT

Ich kann mich an die meisten Details meines Lebens erinnern, meine frühesten Erinnerungen gehen bis in mein zweites Lebensjahr zurück. Doch es gab bestimmte Momente, in denen ich mich außerhalb meines Bewusstseins in eine andere Dimension geflüchtet habe. Diese Momente sind heute verschwommene, dunkle Flecken auf der Landkarte meines Gedächtnisses. Ich entschwand meinem Körper und ließ zu, dass sich meine Seele ins Universum ausdehnte. Während ich in den Sternen war, blieb mein Körper allein zurück, mit dem scheußlichen Mann und seiner Gewalt. Dieser stellenweise Gedächtnisverlust wird in der Psychiatrie »dissoziative Amnesie« genannt, eine von Trauma und Stress verursachte psychische Störung. Dissoziative Amnesie setzt keine explizite Hirnschädigung voraus, und die zugrunde liegenden neuronalen Mechanismen sind bisher nicht klar. Missbrauch in der Kindheit, insbesondere wiederholter Missbrauch ab dem frühen Kindesalter, steht aber offensichtlich in direktem Zusammenhang mit der Entwicklung eines hohen Maßes an dissoziativen Symptomen. Dieser Zustand wird zwar als Störung betrachtet, doch ich bin dankbar für die Fähigkeit meines Gehirns, mich vor der ständigen schmerzhaften Erinnerung an gewaltvolle Ereignisse zu schützen, und denke über diesen Mechanismus eher als eine unbewusste Überlebensstrategie nach, auf die ich immer wieder rekurrieren musste.

Ich war gerade achtzehn, als ich während einer Tour mit meiner damaligen Hip-Hop-Gruppe nachts auf einem Campingplatz von einer Gruppe von sechs Männern vergewaltigt wurde. »Männer kennen Vergewaltigung nur als spezifischen Vorgang, als abgrenzbares Ereignis mit Anfang, Mitte und Ende. Frauen dagegen begegnet Vergewaltigung in Gestalt von Tausenden Augenblicken, die wir im Lauf des Lebens verarbeiten müssen«, schreibt Soraya Chemaly in ihrem Buch *Speak out!*. Diese und alle anderen sexuellen Übergriffe, die ich erlebt habe, vergiften meinen Körper, meine Beziehungen und Gedanken immer wieder, lange nachdem die Tat die Erinnerung der Vergewaltiger verlassen hat. Die Feministin Roxane Gay schreibt über die Gruppenvergewaltigung, die sie mit zwölf erlebt hat: »So viele Jahre nach der Vergewaltigung sage ich mir immer wieder, was geschehen ist, ›liegt in der Vergangenheit‹. Doch das stimmt nur teilweise. Die Vergangenheit ist immer noch viel zu sehr ein Teil von mir. Die Vergangenheit ist meinem Körper eingeschrieben. [...] Ich trage sie mit mir herum, jeden einzelnen Tag.« Ich verließ das Zelt, in das mich die Männer, ein Messer an meinen Hals gedrückt, gezerrt hatten, verließ den Campingplatz und flüchtete in den Kosmos, der schon als Kind so oft meine Rettung war. Mein Körper blieb reglos zurück. Diese Rettung war zwar ein unvollständiger Schutz, denn mein Selbst spaltete sich jedes Mal ein bisschen weiter auf. Doch ohne meinen kosmischen Zufluchtsort hätte ich dieses Leben auf Erden erst gar nicht so lange überstanden.

Ich erkenne die meisten der 88 Sternbilder, weiß, wo ich nach welchem Stern suchen muss, und grüße einige von ihnen namentlich, wenn sie abends einer nach dem anderen am Nachthimmel aufleuchten. Sirius, Wega, Arktur, Deneb, Aldebaran, wie schön, dass ihr da seid. Und doch wird mich das nächtliche Firmament niemals nicht überwältigen in seiner schieren Größe und Unergründlichkeit. Das Universum ist ein Ort jenseits von Zeit und Raum, auch wenn es den Kosmolog*innen, Astrophysiker*innen und Astronom*innen gelungen ist, es uns Menschen etwas nahbarer zu machen, indem sie es in ein messbares Raster eingepasst haben. Das scheinbar rasant ansteigende Wissen rund um die Entstehung, den Aufbau und die physikalischen Eigenschaften von Planeten, Sonnensystemen und Galaxien hat die mysteriöse, ja magische Aura, die den Kosmos umgibt, nur teilweise geschwächt. Bisher hat die Menschheit kein besseres Werkzeug zur Lösung der kosmischen Geheimnisse entwickelt als die Wissenschaft, und dennoch beschäftigen uns weiterhin unzählige Fragen, für deren Beantwortung die wissenschaftliche Methode ungeeignet ist. Fragen nach metaphysischen, okkulten oder übernatürlichen Dingen, Fragen, die jenseits des Beobachtbaren liegen. Warum sind wir überhaupt? Was ist wirklich an der Wirklichkeit? Gibt es einen transzendenten Bereich? Ist unser Wille frei oder determiniert? Haben wir eine Seele und was passiert mit ihr, nachdem unser Körper vergeht? Seit der Aufklärung ist es in der westlichen Welt üblich, zu behaupten, dass Wissen ausschließlich auf der Grundlage des Greifbaren erworben werden kann, dass die empirische Beobachtung das »Gericht der letzten Instanz« sei. Dies schafft die Illusion, wir hätten die Welt unter Kontrolle, doch weder verstehen noch kontrollieren wir sie. »Wir kennen nicht einmal ein Tausendstel von einem Prozent dessen, was uns die Natur offenbart«, soll Albert Einstein einst gesagt haben. Ich bin immer wieder überrascht, wie viele andere Formen und Wege menschlicher Wahrheitsfindung bei dieser Herangehensweise ignoriert werden. Die Tatsache, dass Teile unserer Existenz und Erfahrung von der Wissenschaft nicht erklärt oder bestätigt werden können, ist kein Beweis dafür, dass sie nicht existieren. Die Psychiatrie kann zwar teilweise beschreiben, was in meinem Gehirn passiert, wenn ich durch dissoziative Episoden gehe, aber sie kann nicht sagen, wohin sich mein Geist in diesem Moment zieht. Sie kann nicht wissen, ob ich nicht tatsächlich bei den Sternen bin, irgendwo im Kosmos.

WAHRHEIT

Ich bin promovierte Politologin und in erster Linie in Deutschland tätig. In meinem beruflichen Umfeld bewege ich mich innerhalb höchst rationaler Diskurse, trete in Fernsehshows auf, gebe Interviews, nehme an Paneldiskussionen teil und bin bei unterschiedlichen Podcasts zu Gast. Dafür statte ich mich mit historischen und wissenschaftlichen Fakten aus, mit Statistiken und Zitaten »autorisierter« Quellen. Immer wieder muss ich dabei an die Worte der Kosmologin und Teilchenphysikerin Chanda Prescod-Weinstein denken, die in ihrem Buch

The Disordered Cosmos schreibt: »Wenn unsere Gesellschaft von weißen, rassistischen, hetero-cis-patriarchalen, kapitalistischen Werten bestimmt wird, muss sich die Wissenschaft damit auseinandersetzen, wie sie von diesen Werten geprägt wird.« Es gibt kein neutrales, hierarchieloses Wissen, denn es gibt keinen neutralen, hierarchielosen Raum für den Erwerb von Wissen. Und ich muss auch an die hier in Deutschland so dominante Vorstellung dessen, was als »real« gilt, denken. Wir sind es nicht gewohnt, die Existenz einer Realität, die über unsere fünf Sinne hinausgeht, ernst zu nehmen. Es beunruhigt die meisten zutiefst, wenn Menschen sich in Gebiete jenseits von Vernunft und Pragmatismus vorwagen. Deshalb spreche ich in der Öffentlichkeit nicht über meine Seele, über meine Verbindung zu verstorbenen Vorfahren, meine Erfahrungen mit psychedelischen Heilmitteln oder über intuitives Wissen. Das heißt aber nicht, dass ich all das nicht nutze.

Der amerikanische Autor Gary Zukav, der sich neben moderner Physik vor allem mit spirituellen Themen befasst, geht in seiner Erforschung der multisensorischen Welt der Idee nach, dass die menschliche Wahrnehmung über die traditionellen fünf Sinne hinausgeht. Ihm zufolge verfügen wir über tiefere Bewusstseinsschichten, die es uns ermöglichen, die Welt auf eine ganzheitliche Weise wahrzunehmen. Eine zentrale Rolle spielen dabei unsere Empfänglichkeit für subtile Energien und die Erkenntnis der Verbundenheit aller Dinge. Zukav sieht einen Paradigmenwechsel voraus, von einer rein materialistischen Weltsicht zu einer, die die Bedeutung der spirituellen und metaphysischen Dimensionen anerkennt. Unsere Gedanken, Gefühle, Entscheidungen und Beziehungen werden demnach nicht nur von dem beeinflusst, was wir sehen, hören und berühren können, sondern auch von unsichtbaren Kräften. Eine dieser Kräfte ist unsere Intuition, manche nennen sie die »innere Stimme«. Sie ist in uns allen auffindbar und kann, wenn wir uns auf sie einlassen, zu einem Leitstern in unserem Leben werden. Oft überhören wir diese Stimme, die wir in Form von Impulsen, Ahnungen, plötzlichen Einsichten und subtilen Erkenntnissen vernehmen. Wir fürchten uns vor den Konsequenzen intuitiver Handlungen, die scheinbar immer ein gewisses Maß an Ungewissheit und Zweideutigkeit mit sich bringen. In vielen Bereichen ist die Intuition von Logik und diskursivem Denken verdrängt worden, nur in der Kunst wird sie geschätzt und gefördert.

BALANCE

Im Jahr 1911 schrieb Carl Jung in einem Brief an seinen Freund Sigmund Freud über seine neueste Entdeckung: »Meine Abende sind sehr in Anspruch genommen durch die Astrologie. Ich mache Horoskopberechnungen, um dem psychologischen Wahrheitsgehalt auf die Spur zu kommen. […] Ich muß sagen, daß in der Astrologie eines Tages sehr wohl ein gutes Stück Wissens von Ahnungs wegen, das an den Himmel geraten ist, entdeckt werden könnte.« Ich selbst war sechzehn, als der jüngste Bruder meiner Mutter mir zum ersten Mal mein Geburtsbild zeichnete. Er zeigte mir einen Tierkreis und erklärte mir die zwölf Tierkreiszeichen darin. Dann fragte er meine Mutter nach der genauen Uhrzeit meiner Geburt und begann, mit verschiedenen Buntstiften Zeichen miteinander zu verbinden. Fasziniert verfolgte ich jede seiner Bewegungen.

Seither studiere auch ich erstaunt und bereichert den nächtlichen Himmel.

Das Geburtsbild, der *birth chart,* ist die Momentaufnahme des Himmels zu dem Zeitpunkt, an dem ein Mensch geboren wird. »Der kosmische Abdruck unserer Seele, die Landkarte der Reise, die wir in diesem Leben unternehmen werden [...] eine himmlische Zeichnung, die den Schlüssel zu einem zielgerichteten Leben enthält«, schreibt die Astrologin Chani Nicholas in ihrem Bestseller *You Were Born for This.* Astrologie nährt meine Intuition und hilft mir, mich den vielen Herausforderungen des Lebens unerschrocken hinzugeben, im Vertrauen darauf, dass ich genau dort bin, wo ich sein soll. Der Weg zur Selbstakzeptanz ist eine der wichtigsten Lehren der Astrologie, innerhalb derer kein Teil von uns unbeabsichtigt, fehlerhaft oder überflüssig ist. Das ist es, was Thích Nhất Hạnh mit dem Schlamm meint, der für das Leben der Lotusblüte so unabdingbar ist. Er ist überzeugt, dass der wichtigste und erste Schritt auf dem Weg zur Liebe ist, sich selbst mit allen Facetten, den schlammigen und den leuchtenden, zu akzeptieren. Seit einigen Jahren ist Astrologie unter jungen, insbesondere queeren Menschen im Trend. Es ist üblich geworden, beim ersten Date Sternzeichen und Geburtsuhrzeit abzufragen, das Hashtag #astrology verzeichnet über 66 Millionen Aufrufe, auf Instagram und TikTok gibt es unzählige Astrologie-Accounts mit Memes, Horoskopen und Ratschlägen. Ich kann mir vorstellen, dass der Grund für die wachsende Popularität von Astrologie dem Akzeptanzversprechen, das einem sonst nirgends gegeben wird, geschuldet ist. Betrachten wir unser Verhalten, unsere Gesinnungen und Entscheidungen in einem kosmischen Referenzrahmen, so gibt es kein Gut oder

Schlecht, kein Richtig oder Falsch. Wir können uns unterschiedlichen Qualitäten, Persönlichkeitszügen und Typen zuordnen, die allerdings nicht hierarchisiert sind. Während unser gesellschaftlicher Wert vor allem an unserer Leistung gemessen wird, lehrt uns die Astrologie, alle unsere Eigenschaften zu erkennen und zu fördern. Oft bedeutet das, die Energien in unserem Leben in die richtigen Bahnen zu lenken, statt sie zu unterdrücken oder anpassen zu wollen. »Da das Feedback dazu, wer wir sind, von den Planeten und nicht von Menschen kommt, hilft es uns, uns selbst ohne Vorbehalte zu begegnen und jede Dimension unseres komplexen Wesens zu akzeptieren und anzunehmen«, erklärt die Astrologin Juliana McCarthy in *The Stars Within You*. Mir hilft die Auseinandersetzung mit meiner astrologischen Lebenskarte dabei, auch meinen Schwächen wohlwollend entgegenzutreten und mir somit ganzheitlich näherzukommen. Ich ziehe aus dieser ruhigen, gefassten Selbstbetrachtung enorme Stärke und kann auch die größten Ängste oder Schmerzen in Liebe und Resilienz umwandeln. Nicht alle brauchen dafür Tierkreiszeichen. In *Orlando* von Virginia Woolf blickt Orlando ganz am Ende des Romans ebenfalls in den Nachthimmel und erkennt sich selbst: »Die Nacht war da – die Nacht, die sie über alles liebte, die Nacht, da die Spiegelungen im dunklen See der Gedanken klarer leuchten als bei Tage.«

In der Astrologie besteht eine subtile, tiefe Spannung zwischen dem Individuum und dem Kollektiv. Es ist ein delikater Tanz, bei dem Einzelne versuchen, ihre einzigartige Essenz zu verstehen und sich gleichzeitig für die Verbundenheit mit einer großen, alles umfassenden Existenz zu öffnen. Deepak Chopra, der bekannte indische New-Age-Guru und Autor, vergleicht die Menschheit und alle Atome des Universums mit dem Ozean, in dem jede Welle einzigartig und dennoch untrennbar ist vom Meer. Eine einzelne Welle einzufangen sei unmöglich, denn durch die Trennung vom Meer verlöre sie sich. Das Gleiche gilt für uns Menschen. Losgelöst aus dem Gesamtgefüge Menschheit verlieren wir unsere Essenz. Die menschliche Einheit ist nicht unvereinbar mit Individualität und Einzigartigkeit, aber die patriarchale und kolonialistische Kultur, die als ein Modell der Vorherrschaft notwendigerweise auf Hierarchien basiert, hat lange Zeit Einheit mit Gleichheit gleichgesetzt. Wir können demnach nur »eins« sein, wenn wir alle ähnlich sind, und zwar ähnlich denen, die als überlegen gelten. In einer weiteren aquatischen Allegorie beschreibt Robin Wall Kimmerer in *Geflochtenes Süßgras* umgekehrt die Wichtigkeit der Individualität für das Kollektiv: »Vielleicht gibt es ja so etwas überhaupt nicht – Regen. Es gibt nur Regentropfen, und ein jeder hat seine eigene Geschichte.« Jeder Mensch bringt eine einzigartige Kombination aus genetischen Anlagen, Erfahrungen, Erziehung, Umfeld und persönlichen Entscheidungen mit sich, hat wie der einzelne Regentropfen seine eigene Geschichte. In der Vereinigung aber können wir die Kraft einer Sturzflut entwickeln.

Ich komme am Ende meiner Überlegungen über das Lieben hier an, weil mich dieses Spannungsverhältnis fasziniert – und herausfordert. Wer Liebe außerhalb der bekannten Sphären des Familiären, Romantischen und Freundschaftlichen denken und praktizieren möchte, muss erst den so stark ausgeprägten Individualismus unserer Zeit verlernen. Eva Illouz schreibt in der Einleitung des von ihr herausgegebenen Sammelbands *Wa(h)re Gefühle*, dass »das persönliche Leben und die emotionale Erfüllung in der zweiten Hälfte des 20. Jahrhunderts für das Selbst zum zentralen Ziel und beherrschenden Gedanken geworden sind«. Selbstentdeckung, Selbstausdruck und die Verwirklichung des individuellen Potenzials spielen in unserer Gesellschaft eine zentrale Rolle. In der Astrologie liegt das Interesse an dieser Reise zu sich selbst darin, die eigene Identität unabhängig von gesellschaftlichen Erwartungen oder Normen zu reflektieren und zu kultivieren. Ich habe eine Weile gebraucht, um zu verstehen, dass dies nicht bedeutet, sich als losgelösten, einsamen Stern zu verstehen, der sich ausschließlich mit sich selbst beschäftigt. Die Vorstellung von getrennt existierenden Individuen ist eine Illusion, der die Astrologie mit dem Konzept der Verbundenheit aller Körper im Universum begegnet. In der Beschäftigung mit uns selbst beschäftigen wir uns mit der Welt, denn wir sind Teil von ihr und sie von uns.

Dieses Leitmotiv einer kosmischen Einheit ist nicht nur in der Astrologie, sondern in allen spirituellen Strömungen und Religionen zentral. In der *Bhagavad Gita,* einer der wichtigsten Schriften des Hinduismus, wird die universelle Existenz wie folgt beschrieben: »Wer die Einheit des Lebens erfährt, sieht sein eigenes Selbst in allen Wesen, und alle Wesen in seinem eigenen Selbst.« *Ahimsa,* eines der zentralen ethischen Prinzipien im Hinduismus, Jainismus und Buddhismus, ist von der Prämisse inspiriert, dass alle Lebewesen den Funken der göttlichen spirituellen Energie besitzen. Ein anderes Wesen zu verletzen bedeutet, sich selbst zu verletzen. Und auch *Tikkun Olam,* ein hebräisches ethisches Prinzip zur Verbesserung und Heilung der Welt, ist in der Verbundenheit und Verflechtung von Mensch, Umwelt und Universum verwurzelt. Wir wissen es schon lange: In der Balance des Spannungsverhältnisses zwischen Individualität und Einheit finden wir Zugang zu Liebe in ihrer wahrsten Form. Nicht als privates Projekt, sondern als Grundlage eines friedlichen, fürsorglichen Zusammenlebens aller Wesen.

KREATIVITÄT

Die Rationalisten dieser Welt wollen uns Spiritualität gerne als Schwäche auslegen, sie halten es für einen verzweifelten, sogar kindischen Zufluchtsort in Krisenzeiten. Doch ich erkenne in dieser Ablehnung vor allem ihre Angst, mit der Begrenztheit der eigenen Weltvorstellung konfrontiert zu werden. Gražina Subelytė, eine der Kurator*innen der Ausstellung »Surrealism and Magic«, die 2022 in der Peggy Guggenheim Collection in Venedig stattfand, schreibt im Ausstellungskatalog: »In Zeiten beispielloser globaler Konflikte nutzten die Surrealisten Magie und Okkultismus primär als Metaphern des Wandels und schufen damit einen symbolischen Diskurs, der ihren Glauben an eine Zeit der Heilung nach dem Krieg versinnbildlichte.« Die heutige Weltlage ist wieder eine des Chaos und des Schmerzes, in vielerlei Hinsicht vergleichbar mit der Welt vor hundert Jahren. Viele von uns irren orientierungs- und hoffnungslos umher, verzweifelt auf der Suche nach Halt und Richtung. Ich habe in der Astrologie einen Weg gefunden, Ordnung in dieses scheinbare Chaos zu bringen, was nicht heißt, dass mich Dinge nicht erschüttern, aber statt in Fatalismus oder Nihilismus zu ertrinken, übergebe ich mich lieber dem Wandel, im Vertrauen darauf, bereit zu sein für das, was kommt. Wie ein Mantra wiederhole ich Clarissa Pinkola Estés Worte: »Verliere nicht den Mut. Wir sind für diese Zeiten bestimmt.«

Astrolog*innen auf der ganzen Welt sahen im Jahr 2020 einen lang antizipierten Wendepunkt in unserer linearen Geschichtsschreibung. Zum ersten Mal in fünfhundert Jahren würden sich die beiden langsam laufenden Planeten Saturn und Pluto im Tierkreiszeichen Steinbock treffen. Wenn zwei oder mehrere Planeten zur gleichen Zeit den gleichen Grad desselben Tierkreiszeichens erreichen, verbindet und verstärkt sich ihre Energie, in der Astrologie spricht man hierbei von einer »Konjunktion«, die immer eine besondere Phase oder sogar einen Zeitenwandel einläutet. »Die Konjunktion mit Pluto stellt in vielerlei Hinsicht einen Paradigmenwechsel der Macht dar«, erklärt die Astrologin Jessica Lanyadoo noch im Dezember 2019 in einem Interview. Wir würden sowohl im Privaten wie im Politischen enorme Transformationen erleben; die Menschheit werde einen tiefgreifenden Wandel durchlaufen, der dazu führe, dass jahrhundertealte Überzeugungen und soziale Strukturen wie selten zuvor unter die Lupe genommen würden. Dualismen und Hierarchien, auf denen Unterdrückungssysteme beruhen, und Paradigmen, die auf Angst und Trennung basierten, würden zunehmend hinterfragt und sichtbar gemacht. Eine solche Prophezeiung kann mit Skepsis betrachtet werden, oder man kann sie als Ermutigung sehen, dem Verlauf des Lebens zu vertrauen. Im Nachhinein spricht nun die ganze Welt von einem Jahr der Wende. 2020 brachte die COVID-19-Pandemie, eine der größten transnationalen Menschenrechtsbewegungen unserer Geschichte, eine radikale, globale Umstrukturierung der Arbeitswelt, eine fatale wirtschaftliche Rezession und nie gesehene Waldbrände. Astrologie ist keine Magie, sie kann den Lauf der Welt nicht beeinflussen, aber sie bietet Kontinuität in der Unvorhersehbarkeit des Lebens.

Ich schöpfe großen Trost aus dem Wissen, dass alles Leben derselben Quelle entspringt und dass wir für immer mit dieser Quelle und all ihren Erzeugnissen verbunden sind. Wenn ich mir diesen Gedanken plastisch vorstelle, merke ich, wie die harten Ränder meines Selbst weicher werden, die Spannung meinen Körper, der Fokus meinen Blick verlässt und ich durchlässig werde für meine Umgebung. Am leichtesten gelingt es mir, diesen Zustand zu erreichen, wenn ich mich in der Natur bewege oder in den Himmel gucke. Alles beginnt und endet mit der Atmung. Yoga und Meditation sind besonders konzentrierte Formen der Bewusstwerdung des eigenen Selbst als Teil eines Ganzen. Doch manchmal geschieht dieser Prozess auch unverhofft. Wenn ich tanze, singe oder mich in Musik verliere. Wenn ich schreibe. Dann fließen Wörter intuitiv und mühelos dahin, und ich merke, wie sich der Schreib- und Denkprozess verselbstständigt, getrieben von einer Kraft außerhalb meiner Kontrolle. Bestimmte Passagen kommen mir im Nachhinein fast fremd vor, als wäre ich lediglich ein Kanal für diese Gedanken gewesen. »Alles, was ein Musiker tun kann, ist, sich den Quellen der Natur zu nähern und zu fühlen, dass er mit den Naturgesetzen in Verbindung steht«, soll der legendäre Jazzmusiker John Coltrane über seine kreativen Phasen gesagt haben. Wenn wir glauben, dass alles, was wir schaffen, eine individuelle, persönliche Leistung ist, etwas, das wir nur uns selbst zu verdanken haben, fühlt es sich schnell sehr einsam an, im Scheitern wie im Erfolg. Gehen wir von einer externen Quelle der Kreativität aus, sprechen wir von Inspiration oder Muse, vermuten wir die Quelle der Kreativität *in* einem Menschen, nennen wir ihn ein Genie. Aber ich glaube, dass nur spirituell veranlagte Menschen die Entstehung und Wirkung von Kunst wirklich schätzen können. »Kunst lässt sich nicht begreifen, wenn die spirituelle Dimension ignoriert, geleugnet, heruntergespielt oder abgetan wird«, sagte einst die amerikanische Kulturhistorikerin und Feministin Charlene Spretnak. In *The Other Side* ergänzt die australische Kunstkritikerin Jennifer Higgie diesen Gedanken: »Es liegt in der Natur [der Kunst], anspielend und nicht wörtlich zu sein, mit Assoziationen, Symbolen und Verschlüsselungen zu arbeiten, Intuition und Vorstellungskraft über den Verstand zu stellen.« Nicht die Sehnsucht nach Ästhetik zieht uns meiner Meinung nach zur Kunst, sondern die Sehnsucht nach spiritueller Erfahrung. In der Kunst hat die Seele noch Vorrang vor allen anderen Wissensformen.

TRAUER

Die Geburt meines zweiten Sohnes fühlte sich nicht an wie ein Anfang, sondern wie ein Ende. Grob wurde er herausgerissen aus der Geborgenheit und Wärme meiner Gebärmutter und in die sterile, unwirkliche Umgebung der Neonatologie katapultiert. Sein Tod jedoch glich nach den quälenden Wochen auf der Intensivstation auf verstörende Art einer Geburt; er und ich fanden Erlösung, einen Neuanfang. Als er in meinen Armen seinen letzten Atemzug tat, ging ich in einen Zustand radikaler Verwandlung über. In den Tagen und Wochen nach seinem Tod tat mein ganzer Körper weh, ich spürte meine Beine und Arme kaum und war überkommen von tiefer Trauer und Verzweiflung. Ich hatte das Gefühl, mich selbst von meinem Körper verabschiedet zu haben, kein Teil der materiellen Realität mehr zu sein, in der mein Ex-Mann und mein erstgeborener Sohn sich aufhielten. Ich schien mit meinem Baby ins Jenseits geflüchtet zu sein. Es war verunsichernd und tröstlich zugleich, als würde mir eine Pause von dieser schmerzhaften menschlichen Existenz gegönnt. Die Seele meines Kindes öffnete mir Türen, die mir bisher verschlossen waren. Es war der Beginn eines tiefen spirituellen Erwachens.

In Anaïs Nins Tagebüchern fand ich dieses Zitat: »Wir wachsen nicht in unserer Gesamtheit, nicht chronologisch. Manchmal wachsen wir in eine Richtung und nicht in eine andere, wir wachsen ungleichmäßig, wir wachsen teilweise. Wir sind bedingt abhängig. In einem Bereich sind wir herangereift, in einem anderen kindlich geblieben. Vergangenheit, Gegenwart und Zukunft verschmelzen miteinander und ziehen uns rückwärts, vorwärts oder halten uns in der Gegenwart. Wir sind aus Schichten, Zellen, Konstellationen gemacht.« Die Trauer um mein Kind brachte mich zurück zu der Trauer meiner Kindheit. Ich befand mich plötzlich in einer Welt, die mir gespenstisch vertraut und zugleich völlig neu vorkam. Ich hatte das Gefühl, in ein mysteriöses Reich zurückzukehren, das ich als kleines Mädchen oft besucht hatte. Was bisher sinnvoll erschien, war es nicht mehr. Ich erlebte eine Rückbesinnung auf eine essenzielle Wahrheit, die ich ganz früher schon einmal kannte und die mir abhandengekommen war. Arbeit, Erfolg und Leistung waren belanglos geworden, alte Glaubenssätze und Muster, die mich einst zurückhielten, begannen zu verschwinden. Zwar war ich erfüllt von Ungewissheit, Trauer, Angst, Verzweiflung und mitunter obsessiven Gedanken über den Tod, doch lernte ich allmählich, diesen existenziellen Fragen mit der Unerschrockenheit eines Kindes zu begegnen, das weiß, dass es auf die meisten Fragen keine Antworten gibt. Geduldig saß ich auf diesem Boden, auf den ich immer wieder zurückfalle, und wartete auf neues Glück, das, so Clarissa Pinkola Estés, eines Tages unweigerlich kommen wird: »Und [dort] ist der Nährboden für alles Neue, so schmerzhaft es auch sein mag, ihn erst nach so schrecklichen Erfahrungen zu erreichen.« Der Tod meines Sohnes barg Teile meiner Seele, die bislang verschüttet worden waren, und machte mich auf paradoxe Weise wieder ganz. Statt seines Gesichts, seines Geruchs, dem Klang seiner Stimme, der Weichheit seiner Haare und dem Gefühl seines Mundes auf meiner Brust liebe ich seine Energie, die in den Sternen, den Pflanzen, der Sonne und der Luft, jenseits von Raum und Zeit, fortbesteht.

LOSLASSEN

Als ich zum allerersten Mal das Gebräu aus der geistlichen Pflanze Ayahuasca trank, fühlte es sich an, als würde flüssiges Leben durch meinen Körper und Geist strömen und mich von allen Fesseln befreien. In mir öffnete sich eine ungeahnte Weite, die keine Grenzen zu kennen schien. Während des stundenlangen Trips tauchte ich irgendwann in den Teich, der sich auf dem Gelände des Retreats befand, und spürte mich mit jeder Pore meines Seins mit den einzelnen Wassertropfen, den Grashalmen, Insekten und Klängen in der Luft wie im

Wasser verbunden. Nie habe ich mehr Geräusche zuordnen können, unter dem gigantischen Chor hörte ich sanft Ayahuasca flüstern: »Du bist nie alleine. Du gehörst zu den Bäumen, den Insekten, dem Himmel und dem Wasser.« Diese Erfahrung lässt sich schwer in Worte fassen, weil vieles davon die Grenzen der Rationalität sprengt. Doch ich weiß, ich fühlte mich vom ganzen Kosmos liebend aufgenommen.

Ayahuasca und andere psychedelische Pflanzen helfen uns dabei, den materiellen Bereich zu verlassen und in eine Sphäre unseres Bewusstseins vorzudringen, die frei ist von den Begrenzungen und Ängsten unseres gezähmten, sozialisierten Selbst. Durch Psychedelika, Breathwork, Meditation, Tanz, Musik, Ekstase oder sogar Schlaf können wir uns Zugang zu diesen Parallelwelten verschaffen, die einen unendlichen Schatz an Weisheit, Freude, Erkenntnis und Inspiration für uns bereithalten. Seit Anbeginn unserer Geschichte haben Menschen psychoaktive Substanzen für Rituale verwendet, wie Höhlenmalereien und archäologische Funde beweisen. Und nicht nur wir Menschen, auch Tiere konsumieren gelegentlich psychedelische Pflanzen und Substanzen. Elefanten fressen die Rinde des psychoaktiven Iboga-Baums, Katzen lecken Katzenminze, die sie in einen traumähnlichen Zustand versetzt, Delfine fressen giftige und halluzinogene Fische und treiben dann ziellos umher, während sie fasziniert auf die Wasseroberfläche starren. Psychedelika werden in vielen indigenen Kulturen noch heute zu spirituellen und heilenden Zwecken verwendet. Während der Kolonialzeit hielten die europäischen Besatzer diese Praktiken jedoch für primitiv und in ihrer Fremdheit bedrohlich, weshalb sie versuchten, sie zu vernichten. Das Verbot von Psychedelika ist unmittelbar als Kontinuität kolonialer Macht zu verstehen: Die einstige Unterdrückung und der Versuch der Auslöschung indigener Kulturen wirkt in der aktuellen rassistischen Drogenpolitik fort. Das gegenwärtige Verbot von psychedelischen Substanzen ist zudem symptomatisch für den Widerstand gegen mögliche Bewusstseinserweiterung und zeugt vielmehr von der staatlichen Angst gegenüber Kontrollverlust und Chaos als Folge des Befreiungspotenzials, das solche Substanzen und Pflanzen bergen, als von ehrlicher Sorge um das gesundheitliche Wohl der Menschen. Psychedelika sind unter anderem deshalb illegalisiert, weil sie visionäres und revolutionäres Potenzial in sich tragen.

Ich selbst hatte lange Angst vor Psychedelika, weil mir meine Kindheit und Jugend hindurch eingetrichtert wurde, dass es sich dabei um gefährliche Drogen handelte, die mich auf direktem Weg ins Verderben führen würden. Zwei Cousins meiner Mutter sind jung an Heroin-Überdosen gestorben, weshalb die Antidrogen-Kampagne in unserer Familie mit Nachdruck geführt wurde. Erst weit im Erwachsenenalter habe ich diese Angst überwunden und die politisch motivierte Verschmelzung aller »Drogen«, von Heroin und Crystal-Meth bis zu Pilzen und Ayahuasca, als solche entlarvt. Mein Interesse war vor allem therapeutischer Natur, ich war in meiner jahrelangen Praxis der klassischen Therapie immer wieder an Grenzen gestoßen und wollte mich meinen Traumata auf andere Weise stellen. Seit den Sechziger- und Siebzigerjahren wächst die Bewegung der »Psychedelic Justice«, welche die bestehende koloniale Drogenpolitik und Kriminalisierungspraxis infrage stellt und über den positiven Nutzen von Psychedelika bei der Behandlung von psychischen Problemen,

Traumata und Sucht aufklärt. Letztlich geht es dieser Bewegung um die Förderung einer empathischeren, solidarischeren Gesellschaft – den Weg dorthin sehen die Befürworter*innen unter anderem in der Bewusstseinserweiterung mittels psychedelischer Pflanzen und Substanzen. Denn die Realität, wie wir sie kennen, so schreibt Michael Pollan in *Verändere dein Bewusstsein,* ist ebenfalls nur eine Halluzination, und wie wir wissen, ist sie mitnichten die beste: »Das normale Wachbewusstsein fühlt sich vollkommen transparent an, und dennoch ist es eher das Produkt unserer Vorstellungen – eine kontrollierte Halluzination – als ein Fenster auf die Realität.« Warum sollten wir nicht erkunden, was dort draußen in den Weiten unseres Bewusstseins sonst noch auf uns wartet?

SELBSTLIEBE

Als mein Vater mich eine Lügnerin schimpfte, nachdem ich ihm erzählt hatte, dass eines seiner Familienmitglieder mich während meiner ganzen Kindheit sexuell misshandelt hat, wurde ich von Rage verzehrt. Beim Rausgehen stieß ich im Flur eine imposante Lampe um. In Gedanken zerschlug ich seinen Fernseher, seine Möbelstücke und Küchengeräte. Wie schon als Teenager wollte ich am liebsten sein gesamtes Haus zerstören. »Ist Wut nicht auch schädlich? Sicher nicht die, die uns an ein früheres Selbst erinnert, das wir verdrängt und zum Schweigen gebracht haben«, schreibt Soraya Chemaly in *Speak out!* und trifft bei mir einen Nerv. Kaum war ich aus dem Haus getreten, nahm mir die Wut den Atem, und ich brach an der ersten Straßenecke zusammen. Ich erinnere mich an mein rasendes Herz und zitternde Beine, an das Gefühl von spitzen Kieselsteinen unter meinen Händen. Dort auf dem Bordstein vermischten sich all die schmerzhaften Gefühle mit einer überraschenden Wärme und Geborgenheit, die ich damals nicht verstand. Heute weiß ich, dass der Zorn, die Trauer und Enttäuschung, die meinen ganzen Körper zum Zittern brachten, aus meiner Liebe für mich selbst geboren waren. Meine Wut ist der liebende Teil in mir, der mich vor Schmerz und Destruktion schützen will. Während ich dort sitze und das Zittern nachlässt, denke ich an Soraya Chemalys Worte: »Unser Zorn ist ein Geschenk an uns selbst und an die Welt.« Unsere Wut verrät, was uns wirklich wichtig ist. Und in diesem Moment war ich das: Ich war mir selbst wichtig. Die längste Zeit bin ich dem Konzept der Selbstliebe mit Skepsis begegnet, hielt sie entweder für Narzissmus oder einen Mythos. Doch in diesem Moment erfuhr ich eine Epiphanie, die mich befreite von der Suche nach Anerkennung und Bestätigung durch meinen Vater. Den Schutz und die Liebe, die ich als Kind gebraucht hätte, gab ich mir selbst.

In der *Wolfsfrau* gibt es einen Satz, der mir nicht mehr aus dem Kopf geht: »Alles, was du aus deiner Seele heraus tust, wird dazu beitragen, die Sorgen und Nöte der Welt zu lindern.« Ich frage mich, ob meine Selbstbefreiung über meine eigene Biografie hinaus relevant sein kann. In der kollektiven Kraft globaler Protestbewegungen für mehr Gerechtigkeit sehe ich meine eigene Energie gespiegelt und vergrößert. Wenn meine private Wut Zeichen meiner Selbstliebe ist, ist unsere kollektive Wut dann Zeichen einer solidarischen Liebe für die Menschheit? Bislang fand ich die Vorstellung einer Rettung der Welt durch Selbstliebe und innere Arbeit Einzelner naiv und idealistisch. Was ist mit denjenigen, die aufgrund struktureller Benachteiligung nicht so intensiv an sich arbeiten können? Der Ansatz schien mir durch die Fokussierung auf das Individuum in neoliberalen, individualistischen Mustern verfangen zu sein. Doch diese Skepsis war größtenteils in meinem falschen Verständnis des Selbst begründet. Sich selbst zu lieben heißt, alle Wesen und alles Sein zu lieben, weil wir nicht losgelöst voneinander existieren. Es gibt kein individuelles Wachstum, keine individuelle Heilung und keine individuelle (Selbst-)Liebe. Alles, was wir im Einzelnen an Gutem, Sorgendem, Nährendem tun, wirkt sich auf die Welt aus. »Wie weit reicht Fürsorge?«, fragt die Illustratorin Amy Kurzweil in ihrem Essay *Mourning in a Time of Global Grief*. »Wir sind konzentrische Kreise: Selbst, Körper, Familie, Verwandtschaft, Stamm, Volk, Menschheit, Welt, Universum. Fürsorge brennt in der Mitte dieser Netze. Kann sie die Kreise durchdringen?« Ich glaube ja. Solange wir nicht uns selbst, sondern unsere Fähigkeit zu lieben ins Zentrum dieses Kreises stellen, können wir all diese Dimensionen miteinander verbinden, unsere Familien, Lovers, Freund*innen, die Natur und den Kosmos. Kosmische Liebe ist eine Energie, die weit über zwischenmenschliche Interaktionen hinaus existiert. Sie wird weder von Zeit und Raum noch von irgendeiner Materialität begrenzt, sie ist das, was die Welt seit Millionen von Jahren in Bewegung und zusammenhält. Diese Energie ist von ungeheurer Kraft, aber wenn wir uns trauen, aus ihr zu schöpfen und uns von ihr tragen zu lassen, dann können wir sagen, dass wir verstanden haben, was es mit der Liebe auf sich hat. Es ist das Mutigste, was wir in unserem Leben tun können.

LITERATUR

Philip Aghoghovwia, »Postcolonial Nature«. In: Peter Remien, Scott Slovic (Hgs.), *Nature and Literary Studies*. Cambridge: Cambridge University Press, 2022. [üb. v. Emilia Roig]

Sara Ahmed, *The Promise of Happiness*. Durham: Duke University Press, 2010.

Karen Armstrong, *Sacred Nature: Restoring Our Ancient Bond with the Natural World*. New York: Alfred A. Knopf, 2022. [üb. v. ER]

Ashish Bagrecha, *Love, Hope and Magic*. Self-published: Ashish Bagrecha, 2020. [üb. v. ER]

James Baldwin, *Nothing Personal*. Boston: Beacon Press, 2021. [üb. v. ER]

–, *Nach der Flut das Feuer*. Übersetzt von Miriam Mandelkow, München: dtv, 2020.

Simone de Beauvoir, *Die Unzertrennlichen*. Übersetzt von Amelie Thoma, Hamburg: Rowohlt, 2023.

Guy Bechtel, *La sorcière et l'Occident*. Paris: Pocket, 2000. [üb. v. ER]

Thomas Berry, *Evening Thoughts: Reflecting on Earth as Sacred Community*. Berkley: Counterpoint, 2016. [üb. v. ER]

Susan Bordo, *The Flight to Objectivity: Essays on Cartesianism and Culture*. New York: State University of New York Press, 1987. [üb. v. ER]

Alain de Botton, *Versuch über die Liebe*. Übersetzt von Helmut Freilinghaus, Frankfurt: Fischer, 1997.

Florence Burgat, *L'humanité carnivore*. Paris: Seuil, 2017.

Rachel Carson, *Der stumme Frühling*. Übersetzt von Margaret Auer, München: C.H.Beck, 2019.

Emily Chan, »2020 in der Astrologie: Welche bedeutsamen Ereignisse bevorstehen – und was das für Sie bedeutet«. *Vogue*, online: https://www.vogue.de/lifestyle/artikel/astrologie-2020, 30.12.2019.

Stephen Chbosky, *Das also ist mein Leben*. Übersetzt von Oliver Plaschka, München: Heyne, 2011.

Soraya Chemaly, *Speak out! Die Kraft weiblicher Wut*. Übersetzt von Kristen Riesselmann und Gesine Schröder, Berlin: suhrkamp nova, 2020.

Mona Chollet, *Hexen: Die unbesiegte Macht der Frauen*. Übersetzt von Birgit Althaler, Hamburg: Nautilus Flugschrift, 2020.

Rachel Cusk, *Coventry*. Übersetzt von Eva Bonné, Berlin: Suhrkamp, 2022.

Clarissa Pinkola Estés, *Do Not Lose Heart, We Were Made for These Times*, online: https://www.mavenproductions.com/letter-to-a-young-activist, 2003. [üb. v. ER]

–, *Die Wolfsfrau: Die Kraft der weiblichen Urinstinkte*. Übersetzt von Mascha Rabben, München: Heyne, 2022.

–, *The Faithful Gardener: A Wise Tale About That Which Can Never Die*. New York: Harper Collins, 1995. [üb. v. ER]

Silvia Federici, *Caliban und die Hexe: Frauen, der Körper und die ursprüngliche Akkumulation*. Übersetzt von Max Henninger, Wien: Mandelbaum Verlag eG, 2017.

Sigmund Freud/C. G. Jung: *Briefwechsel*. Frankfurt am Main: Fischer, 1974.

Erich Fromm, *Die Kunst des Liebens*. Übersetzt von Liselotte Mickel und Ernst Mickel, München: dtv, 2007.

Roxane Gay, *Hunger: Die Geschichte meines Körpers*. Übersetzt von Anne Spielmann, München: btb Verlag, 2019.

Jane Goodall, »My favourite animal is a dog«. Interview with *The Globe and Mail*, online: https://www.theglobeandmail.com/technology/science/jane-goodall-my-favourite-animal-is-a-dog/article575777/, 7.4.2011. [üb. v. ER]

Thích Nhất Hạnh, *Ohne Schlamm kein Lotus: Die Kunst, Leid zu verwandeln*. Übersetzt von Ursula Richard, Stuttgart: Nymphenburger, 2023.

Yuval Noah Harari, *Sapiens: Eine kurze Geschichte der Menschheit*. Übersetzt von Jürgen Neubauer, München: Deutsche Verlags-Anstalt, 2019.

Donna Haraway, *The Companion Species Manifesto*. Chicago: Prickly Paradigm Press, 2003. [üb. v. ER]

Jennifer Higgie, *The Other Side: A Story of Women in Art and the Spirit World*. New York: Pegasus Books, 2024. [üb. v. ER]

bell hooks, *Alles über Liebe*. Übersetzt von Heike Schlatterer, Hamburg: HarperCollins 2021.

–, *Outlaw Culture: Resisting Representation*. New York: Routledge 1994. [üb. v. ER]

Eva Illouz, *Wa(h)re Gefühle: Authentizität im Konsumkapitalismus*. Übersetzt von Michael Adrian, Berlin: Suhrkamp, 2018.

William F. Kimes & Maymie B. Kimes (Hgs.), *John Muir: A Reading Bibliography*. Minnesota: American West Books, 1986. [üb. v. ER]

Robin Wall Kimmerer, *The Democracy of Species*. New York: Penguin (Green Ideas), 2021. [üb. v. ER]

–, *Geflochtenes Süßgras: Die Weisheit der Pflanzen*. Übersetzt von Elsbeth Ranke, Berlin: Aufbau, 2021.

Amy Kurzweil, »Mourning in a Time of Global Grief«. In: *LitHub*, online: https://lithub.com/mourning-in-a-time-of-global-grief/, 4.6.2024. [üb. v. ER]

Marcia Langton, »The ›Wild‹, the Market and the Native: Indigenous People Face New Forms of Global Colonization«. In: William Adams, Martin Mulligan (Hgs.), *Decolonizing Nature: Strategies for Conservation in a Post-Colonial Era*. New York: Routledge, 2002. [üb. v. ER]

Eric Micha'el Leventhal, *A Light from the Shadows: Reflections on Oneness, Identity, and the Creation of Experience*. Createspace Independent Publishing Platform, 2012. [üb. v. ER]

Audre Lorde, *Sister Outsider*. Übersetzt von Eva Bonné und Marion Kraft, München: Hanser, 2021.

Édouard Louis, *Wer hat meinen Vater umgebracht*. Übersetzt von Hinrich Schmidt-Henkel, Frankfurt: Fischer, 2020.

–, *Im Herzen der Gewalt*. Übersetzt von Hinrich Schmidt-Henkel, Frankfurt: Fischer, 2019.

Katie Mack, *The End of Everything (Astrophysically Speaking)*. New York: Scribner, 2020. [üb. v. ER]

Stefano Mancuso und Alessandra Viola, *Die Intelligenz der Pflanzen*. Übersetzt von Christine Ammann, München: Antje Kunstmann, 2015.

Gabor Mate, *Im Reich der hungrigen Geister: Auf Tuchfühlung mit der Sucht – Stimmen aus Forschung, Praxis und Gesellschaft*. Übersetzt von Annegret Hunke-Wormser und Elisabeth Möller-Giessen, Kandern: Narayana, 2021.

Karl Marx, *Das Kapital Band 3: Der Gesamtprozess der kapitalistischen Produktion*. Friedrich Engels (Hg.), Hamburg: Nikol Verlag, 2020.

Juliana McCarthy, *The Stars Within You: A Modern Guide to Astrology*. Boulder: Roost Books, 2018. [üb. v. ER]

Michel de Montaigne, *Essais*. Übersetzt von Arthur Franz, Ditzingen: Reclam Verlag, 1986.

Toni Morrison, *Menschenkind*. Übersetzt von Thomas Piltz und Helga Pfetsch, Hamburg: rororo, 2007.

John Muir, *Die Berge Kaliforniens*. Übersetzt von Jürgen Brôcan, Berlin: Matthes & Seitz, 2021.

Chani Nicholas, *You Were Born for This: Astrology for Radical Self-Acceptance*. New York: HaperOne, 2020. [üb. v. ER]

Anaïs Nin, *Ich suche das Leben: Die frühen Tagebücher 1927–1929*. Übersetzt von Barbara Scriba-Sethe, München: Nymphenburger, 1996.

–, *Die Tagebücher der Anaïs Nin 4: 1944–1947*. Übersetzt von Herbert Zand, Frankfurt am Main: Fischer, 1981.

Andie Nordgren, *The short instructional manifesto for relationship anarchy* (2006), online: https://log.andie.se/post/26652940513/the-short-instructional-manifesto-for-relationship, 6.7.2012.

Gillian O'Shea Brown, *Healing Complex Posttraumatic Stress Disorder: A Clinician's Guide*. New York: Springer, 2021.

Chanda Prescod-Weinstein, *The Disordered Cosmos: A Journey Into Dark Matter, Spacetimce, & Dreams Deferred*. New York: Bold Type Book, 2021. [üb. v. ER]

Michael Pollan, *Verändere Dein Bewusstsein: Was uns die neue Psychedelika-Forschung über Sucht, Depression, Todesfurcht und Transzendenz lehrt*. Übersetzt von Thomas Gunkel, München: Antje Kunstmann Verlag, 2019.

–, »The Intelligent Plant«. In: *The New Yorker*, online: https://www.newyorker.com/magazine/2013/12/23/the-intelligent-plant, 15.12.2013. [üb. v. ER]

Adrienne Rich, »Notes toward a politics of location«. In: *Feminist Postcolonial Theory: A Reader*, Edinburgh: Edinburgh University Press, 2003. [üb. v. ER]

Rumi, *The Essential Rumi*. Hrsg. v. Coleman Barks, New York: Harper, 2004. [üb. v. ER]

Jack Schultz und Ian T. Baldwin, »Rapid Changes in Tree Leaf Chemistry Induced by Damage: Evidence for Communication Between Plants«. In: *Science* 221,277–279(1983).

Charlene Spretnak, *The Spiritual Dynamic in Modern Art: Art History Reconsidered, 1800 to the Present*. London: Palgrave Macmillan, 2014. [üb. v. ER]

Grazina Subelyte, »Surrealism and Magic: Enchanted Modernity«. Potsdam: Museum Barberini, 2022. [üb. v. ER]

Voltaire, *Eine Abhandlung über Metaphysik*. Übersetzt von Tim Newcomb, Baden-Württemberg: Newcomb Livraria Press, 2023.

Alice Walker, *Horses Make a Landscape Look More Beautiful*. New York: Harcourt, 1984. [üb. v. ER]

Virginia Woolf, *Orlando*. Übersetzt von Karl Lerbs, Zürich: Kampa Verlag, 2022.

Gary Zukav, *Die Spur zur Seele*. Übersetzt von Brigitte Peterka, München: Heyne, 1990.